やさしくわかる 社労士業務便覧

社会保険労務士 古川 飛祐 ［著］

税務経理協会

はじめに

　社会保険労務士の制度は，平成30年に50周年を迎えました。この記念すべき年に，これまでの仕事の集大成といえる本書を出版できることは，私の大きな喜びです。

　私は10代から母の事務所を手伝い，30歳で自分も社労士となりました。事業主・人事労務担当者の方々との出会いの中で，"人が働く場所の活力"を教えていただきました。本書は，私が20年以上にわたって社労士事務所の中で経験したことや，出会った方々に対する恩返しです。

　社労士が扱う書類の数は膨大ですが，その中でも日常的なものを厳選し，"**書き始めるまでは意外と気づかない注意点**"と"**社労士の視点として大切なこと**"をまとめました。これらは，人事労務担当者の皆様にも参考にしていただけることでしょう。

　書類の作成は**労務管理と切っても切れない関係**にあり，ひとつひとつの出来事に，**よりよい労務管理を実現するための手がかり**が隠れています。社労士がそこに一歩踏み込んでいくことは，"働き方改革"にも役立つはずです。また，ストレスの多い現代社会において，本書が，"いつもの仕事が，昨日より少し楽しくなること"につながれば，嬉しく思います。

　本書は，恩師の秋保雅男先生が，数年前に執筆をすすめてくださったのがきっかけで誕生しました。税務経理協会様には，平成29年6月に企画を通していただいていたのですが，その前後に私の仕事の環境に大きな変化があり，執筆に時間がかかってしまいました。原稿を待ち続け，常に温かい励ましの言葉をくださった担当の鈴木様，本書に携わってくださった皆様，そして今日まで私を教え育ててくださったすべての方に，心から御礼を申し上げます。

平成30年9月

社会保険労務士　古川飛祐

目　次

はじめに

序　章　知っておきたい社労士の実務

1 社労士の日常とは，どのようなものなのか …………………………… 2
2 給与計算業務を取り入れると労務管理がしやすい …………………… 4
3 賃金台帳には仕事のヒントが隠れている ……………………………… 6
4 定年，在職老齢年金に関する相談は日常茶飯事 ……………………… 8
5 就業規則の作成は担当者の立場にも注意する ………………………… 10
6 労働条件の明示の範囲も問い合わせが多い …………………………… 10
7 年金相談は嬉しい仕事 …………………………………………………… 12
8 特定社労士とは何か ……………………………………………………… 12
9 ５年に１度の倫理研修は社労士の義務 ………………………………… 14
10 医療労務コンサルタントとして活躍の場を広げる …………………… 14
11 マイナンバーの知識も必須となった …………………………………… 14
12 電子申請は国から社労士への期待 ……………………………………… 15
13 答えは法令と過去の積み重ねの中にある ……………………………… 15
【60歳代前半の老齢厚生年金の支給開始年齢】………………………………… 16

第１章　入社したときの手続

1 健康保険・厚生年金保険の被保険者資格取得の届出 ………………… 18
2 健康保険の被扶養者の届出 ……………………………………………… 20
3 健康保険の被保険者資格の証明書 ……………………………………… 22
4 雇用保険の被保険者資格取得の届出 …………………………………… 24
《入社に関するＱ＆Ａ》……………………………………………………………… 26
　　新入社員についての最初の給与計算

資格取得時の報酬の訂正
　　　再就職手当支給申請書の注意点
　　　前の会社で雇用保険の資格喪失が済んでいないとき
　　　前の会社を有休消化で退職したとき
　【無期転換申込権】……………………………………………………… 28

第2章　退職したときの手続

　5　健康保険・厚生年金保険の被保険者資格喪失の届出 …………… 30
　6　健康保険の任意継続の申出 ………………………………………… 32
　7　雇用保険の被保険者資格喪失・氏名変更の届出 ………………… 34
　8　雇用保険の離職証明書の作成 ……………………………………… 36
　《退職に関するQ&A》………………………………………………… 40
　　　国民健康保険に切り替えるための書類
　　　退職日・賃金支払日・離職票交付日の関係
　　　在籍期間が短い人の離職票
　　　後から離職票交付の希望があったとき
　　　離職証明書の記入間違いをしたとき
　　　退職した人についての給与計算の注意点
　　　退職した人の住民税に残りがあるとき
　【マイナンバーの重要ポイント①　どんな書類に記入するのか】…… 42

第3章　変更・紛失等の場合の手続

　9　健康保険・厚生年金保険の氏名変更の届出 ……………………… 44
　10　健康保険・厚生年金保険の住所変更の届出 ……………………… 46
　11　健康保険被保険者証の再交付の申請 ……………………………… 48
　12　年金手帳の再交付の申請 …………………………………………… 50
　13　雇用保険被保険者証の再交付の申請 ……………………………… 52
　14　雇用保険の適用事業所や被保険者の情報を調べるとき ………… 54

目次

- 15 雇用保険の各種届出の控を再交付するとき ……………………… 56
- 16 離職票の記載内容を後から訂正するとき ……………………… 58
- 17 雇用保険の被保険者の記録を訂正・統一・取消するとき ……… 60
- 18 雇用保険の被保険者の転勤の届出 ……………………………… 62
- 《被扶養者に関するＱ＆Ａ》……………………………………… 64
  - 無職無収入の子の被扶養者の認定
  - 所得税法上の扶養とならない人の被扶養者の認定
  - 被扶養者の認定手続の期限
  - 会社を退職した妻の被扶養者の認定
  - 被扶養者でなくなった後に被保険者証を使ったとき
- 【マイナンバーの重要ポイント②　本 人 確 認】……………… 66

第４章　出産・育児に関する手続

- 19 出産育児一時金の内払金支払依頼または差額申請 …………… 68
- 20 出産手当金の支給申請 ……………………………………………… 72
- 21 産前産後休業期間中の社会保険料免除の申出 ………………… 74
- 22 育児休業給付金の支給申請 ……………………………………… 76
- 23 育児休業開始時の賃金月額の証明書 …………………………… 78
- 24 育児休業等を終了した際に社会保険料を下げる手続 ………… 80
- 25 ３歳未満の子を養育する期間中の標準報酬月額の特例 ……… 82
- 《出産・育児に関するＱ＆Ａ》…………………………………… 84
  - 出産・育児に関する各種手続の一連の流れ
  - 育児休業中の人についての給与計算上の注意点
  - 育児休業給付金の支給申請の期限
  - 育児休業給付金の振込の時期
  - 各種給付に税金はかかるか
- 【マイナンバーの重要ポイント③　受け取ったマイナンバーの管理】……… 92

第5章　医療・介護に関する手続

　26　健康保険の療養費の支給申請 …………………………………… 94
　27　健康保険の高額療養費の支給申請 ……………………………… 96
　28　健康保険の限度額適用認定の申請 ……………………………… 98
　29　健康保険の傷病手当金の支給申請 ……………………………… 100
　30　健康保険の埋葬料の支給申請 …………………………………… 104
　31　介護休業給付金の支給申請 ……………………………………… 106
《傷病手当金に関するＱ＆Ａ》………………………………………… 108
　　傷病手当金と関連手続の一連の流れ
　　年次有給休暇を使うとき
　　各種給付に税金はかかるか
　　職場復帰後の傷病手当金
　　入社後まもない時期の傷病手当金
　　退職後の傷病手当金
　　傷病手当金受給中の被扶養者の認定
　【年次有給休暇のポイント】………………………………………… 112

第6章　賃金に関する手続

　32　算定基礎届と総括表の記入について …………………………… 114
　33　固定給の変動による標準報酬月額の変更 ……………………… 118
　34　健康保険・厚生年金保険の賞与支払の届出 …………………… 120
　35　高年齢雇用継続給付の支給申請 ………………………………… 122
《標準報酬月額等に関するＱ＆Ａ》…………………………………… 126
　　算定基礎届の対象者
　　算定基礎届の際の賃金台帳持参について
　　算定基礎届の印字内容の訂正
　　パートタイマーの支払基礎日数の確認
　　給与計算で控除する社会保険料を間違えたとき

社会保険料に1円未満の端数があるとき
　2か所以上で働いている人の社会保険料
　賞与を1か月に2回支払ったとき
【社会保険料の控除開始月，控除終了月，変更月】……………………………… 128

第7章　労災に関する手続

36　業務災害の場合の治療費の請求 ………………………………… 130
37　業務災害の場合の指定病院の変更 ……………………………… 132
38　通勤災害の場合の治療費の請求 ………………………………… 134
39　立替払いをしたときの費用の請求 ……………………………… 136
40　休業補償給付の請求 ……………………………………………… 138
41　労働者死傷病報告 ………………………………………………… 144
42　第三者行為の災害の届出 ………………………………………… 146
《労災に関する手続のQ＆A》………………………………………… 148
　負傷当日に病院に行かなかったとき
　健康保険の被保険者証を使ったとき
　通勤災害の場合の費用の負担
　業務災害と通勤災害の違い
　院外薬局で薬をもらう場合
　柔道整復師の施術を受けた場合
　機械による事故の注意点
　特別支給金について
　損害賠償との調整について
　傷病の状態等に関する届について
　障害が残った場合について
　遺族補償給付の内容とは
　国民年金・厚生年金との調整について
　「労災を使わず会社がめんどうを見る」という考え方はどうなのか
【労災保険の保険給付】……………………………………………… 154

第8章　労働保険の加入と保険料に関する手続

- 43　労災保険・雇用保険の保険関係成立の届出 …………………… 156
- 44　労働保険料の申告書の記入について ……………………………… 158
- 45　一括有期事業の報告書の記入について ………………………… 162
- 46　労働保険料等の算定基礎賃金等の報告（労働保険事務組合）……… 164

《労働保険の加入と保険料に関するＱ＆Ａ》……………………………… 166
- 労災保険料の計算に含める人は
- 概算保険料の分割について
- 労働保険料の口座振替
- 労働保険事務組合に委託するメリット
- 労災保険の特別加入について
- 特別加入できる中小事業主の範囲
- 特別加入した場合の保険料の額
- 中小事業主以外の特別加入制度
- 特別加入と通勤災害
- 最寄りの労働保険事務組合を探したいときは
- 一般拠出金について

【３６協定のポイント】 ……………………………………………………… 170

第9章　年金に関する手続

- 47　在職中に70歳に到達したときの届出 ………………………… 172
- 48　国民年金第３号被保険者の届出 ………………………………… 174
- 49　65歳になったときの年金の請求（ハガキ）…………………… 176
- 50　年金相談の委任状 ……………………………………………………… 178
- 51　年金請求書（国民年金・厚生年金保険老齢給付）のポイント ……… 180

《年金に関する手続のＱ＆Ａ》……………………………………………… 186
- 新年度の年金額の発表について
- 新年度の在職老齢年金について

目　次

　　年金が減るのはどのようなときか
　　配偶者加給年金額の特別加算の趣旨
　　配偶者加給年金額の特別加算の額
　　年金請求について本人に声をかけたほうがよいか
　　国による年金の請求の勧奨
【国民年金基金】………………………………………………………………… 189

【編　注】
　見本として掲載した書式は執筆時点における最新のものですが，実際に届出を作成する際には，そのつど最新のものを確認してください。
　また，健康保険組合で使用している書式については，個別にご確認をお願いいたします。
　各書式の「提出先」は，主に，社労士，人事労務担当者の直接の窓口となるものを掲載しております。

序章

知っておきたい社労士の実務

1　社労士の日常とは，どのようなものなのか

　社会保険労務士（以下「社労士」）は，毎日何をしているのでしょうか。労務管理の専門家，年金の専門家と答えるだけでは，漠然としています。それよりも，**「会社で従業員に関して起こることのほとんどが，社労士の仕事と結びつく」**といったほうが，伝わりやすいでしょう。

　右ページの表は，社労士の日常業務のうち，一部を並べたものです。これらに伴い，**健康保険の被扶養者の届出，給与計算，賃金台帳の内容の確認，社会保険料が変わったときのお知らせ**などがあります。毎年6月から7月にかけて行う**労働保険料の申告・納付**も，社労士の定型業務となっています。

　多くの書類は，"提出"の段階までくれば，電子申請も可能となっています。しかし，それはすでに中身ができあがっているということです。そこまで持っていくための情報収集や情報の整理は，人間が行わなければなりません。

　「同じ種類の手続なら，誰についても，同じようなものなのでは？」

　いいえ，そうではありません。それどころか，**千差万別**といってよいでしょう。人が1人いれば，その人について，ほかの人とまったく同じということはあり得ません。最終的に情報が記入される書式は同じでも，ある人について**何をどこまで確認して，どの段階で作業が完了するか**は，それぞれが"まったく新しい手続"なのです。

　このように考えれば，社労士の日常は，**毎日が新しいことばかりで，新鮮で楽しいもの**となります。実際に，私は実務の現場に20年以上携わっていて，"飽きる"ことがありません。毎日が，変化と驚きに満ちています。

　また，雇用保険や医療保険，年金は法改正が多く，"飽きている暇がない"ともいえます。

　「それが怖い。法改正は，受験中なら受験校に教えてもらえたけど，合格後はどこに聞けばよいかわからない」

　その点に不安を感じる必要はありません。大きな法改正は，社労士会が専門家を講師に招いて研修会を開きますから，自然と勉強を続けることができます。

○ 入社に関すること
- 健康保険，厚生年金保険，雇用保険の被保険者資格取得の手続（労災保険は自動的に対象となる）。健康保険の被保険者証，年金手帳，雇用保険の被保険者証等を紛失したときは，再交付の手続をする
- 社会保険料控除の基礎となる「標準報酬月額」は，資格取得時に決定され，その後は毎年1回見直しをする。固定給の変動による見直しもある

○ 労務管理全般
- 会社が一定の人を雇い入れた場合等の雇用保険の助成金を申請するには，就業規則等の整備が必要
- 時間外労働，休日労働に関する「36協定」は毎年提出が必要
- 年次有給休暇，変形労働時間制，裁量労働制等の相談，制度の導入手続

○ 出産，育児に関すること
- 産休の取得，出産育児一時金・出産手当金の支給，社会保険料の免除
- 育児休業給付（雇用保険）の支給申請（最長で，子が2歳になるまで）

○ 労災に関すること
- 治療費，休業中の所得保障，年金の支給などがある
- 通勤中の事故も要件を満たせば給付対象となる

○ 定年，再雇用，年金の受給に関すること
- 60歳から65歳到達までは，雇用保険の高年齢雇用継続給付の対象となる（賃金の低下，5年以上雇用保険に加入等の要件がある）
- 60歳以降に退職後，継続して再雇用される者は，すぐに標準報酬月額を下げることができる
- 在職中の年金受給者は，年金の全部または一部が支給停止されることがある

○ 退職に関すること
- 離職票の交付
- 年金の退職時改定（被保険者資格喪失届の提出により自動的に行われる）

2　給与計算業務を取り入れると労務管理がしやすい

　次に，社労士の仕事の一部を，具体的に見ていきましょう。

　給与計算業務は，毎月生じるため，**従業員の動きを把握しやすい**仕事です。大まかには右ページの流れで進行しますが，どこまで社労士が関わるかは，会社によって異なります。

　たとえば，タイムカード上の数字を，会社の担当者が集計して連絡してくれる場合と，社労士が集計も引き受ける場合とがあります。後者は，集計に必要な時間を見込んで，スケジュールを組み立てなければなりません。

　また，給与計算業務の中では，しばしば，次のようなことが起こります。

〔タイムカードについて〕
・数字が薄くて読めない
・数字が重なっていて読めない
・退社した時刻が打刻されていない
・定休日ではないのに空欄の日がある（年次有給休暇なのか，病欠なのか，打刻漏れなのかを問い合わせる）

〔金額，連絡方法等について〕
・「今月は○○手当を払う。後で連絡する」と言われたが，なかなか連絡が来ない
・不明点を問い合わせる担当者が，ある日のある時間帯しか連絡が取れない
・担当者が急用で，連絡が取れなくなった
・支払日の3日前までに計算結果等を知らせなければならないが，大型連休のため計算に使える時間が極端に少ない

　給与計算業務は，**会社の担当者との連絡を密にする**ことが大切で，それは会社の人もわかってくれます。何かの事情で連絡がうまくいかないときは，**とりあえず計算**し，連絡がつくようになったらすぐに，「このように計算しましたが，いかがでしょうか」と聞きましょう。

　ときには，その月の計算が終わりホッとしているところへ，「この人にあと1万円支給したかったのに連絡を忘れていた。計算し直してほしい」という連絡が

序　章　知っておきたい社労士の実務

入ることもあります。**冷静に対応し，その経過をノートに書いておきましょう。**

【給与計算業務】

新しい従業員を給与計算の資料（データ）に加え，振込口座も確認しておく。
↓

| 賃金締切日 |

↓
従業員のタイムカードを回収する。
・出勤日数，時間数，残業時間数，深夜業の時間数等を数える。
・支給内容の変更があった人は，残業単価が変わることがあるので注意する。
↓
欠勤控除，遅刻早退控除をする場合は，皆勤手当等の取扱いにも気をつける。
↓
月の途中で入社した人や退職した人については，
・日割り計算に気をつける
・控除する保険料を確認する
・パート・アルバイトについては，所得税の「甲欄」「乙欄」の確認も忘れずに
↓
先月のみの特記事項や今月のみの特記事項を念入りに確かめ，計算ミスのないようにし，個人明細書等を仕上げていく。
↓

| 賃金支払日 |

↓
来月の注意点をまとめておく。
↓
来月の給与計算のスケジュールを決める。

1年の終わりに，年末調整の資料として源泉徴収簿を印刷する。

3 賃金台帳には仕事のヒントが隠れている

　年金事務所は，毎年，事業所の調査を行っています。これは，日付を指定し，「この日に，書類を揃えて年金事務所に来てください」というものです。揃えなければならない書類の代表格が，**賃金台帳，出勤簿，労働者名簿**です。
　この調査では，次のようなことを調べます。

> ・健康保険や厚生年金保険に加入するべきなのに，加入していない人はいないか
> ・標準報酬月額は適正か，変更の届出漏れはないか
> ・賞与支払届の届出漏れはないか
> 　⇒ いずれも，「適正な保険料を納めているか」ということにつながる。

　調査の通知は突然届きますが，通知を受けてもあわてないための準備は，普段からしておくことができます。
　右ページの図は，保険料の決定や変更に直結する，標準報酬月額の改定の流れです。標準報酬月額は，1人の人が入社してから退職するまでの間に，何度も変わります。年に2回以上変わることも，珍しくありません。そのうちの1回は，**7月に一斉に提出される「算定基礎届」**によるものです。算定基礎届は，原則として健康保険・厚生年金保険加入者の全員が提出の対象となります。
　固定給が変わり，それに伴って標準報酬月額が2等級（原則）以上変わるときは，「報酬月額変更届」を提出します。
　届出のうち，どこまでを引き受けるかは，社労士事務所によって異なります。標準報酬月額の変更に関するものを取り扱う場合には，**毎月の賃金台帳**に目を通しましょう。1年，2年と続けて見ていくと，どの手当が固定給なのか，何月に変動するのか，おおよその見当がつくようになります。
　ほかにも，賃金台帳の内容を把握していることによって，**健康保険の傷病手当金や雇用保険の給付の準備**をしやすくなります。それに，賃金台帳は**従業員全員の名前**が載っていますから，目を通して全員の名前に慣れておけば，会社の担当者との会話が，テンポよく進むようになります。賃金台帳にはいつも，次の仕事への手がかりが隠されていますから，大事に付き合いましょう。

序　章　知っておきたい社労士の実務

【標準報酬月額の決定と改定の例】

```
┌─────┐
│ 入 社 │
└──┬──┘
   │    「被保険者資格取得届」によって決定
   │
   │   7月……………4～6月の平均額で見直し      ⬭ 算定基礎届
   │                    ↓
   │   10月の支払給与から保険料変更
   │
   │   1月 支払給与……  ┌──────────────────────┐
   │                    │ 固定給昇給，1～3月の平均額によって改定。│
   │                    │ 5月支払給与から保険料変更。          │
   │                    └──────────────────────┘
   │
   │   7月……………4～6月の平均額で見直し      ⬭ 算定基礎届
   │                    ↓
   │   10月の支払給与から保険料変更
   │
   │   7月……………4～6月の平均額で見直し      ⬭ 算定基礎届
   │                    ↓
   │   10月の支払給与から保険料変更
   │
   │   12月 支払給与…… ┌──────────────────────┐
   │                    │ 固定給昇給，12～2月の平均額によって改定。│
   │                    │ 4月支払給与から保険料変更。          │
   │                    └──────────────────────┘
   │
┌──┴──┐
│ 退 社 │
└─────┘
```

> 上記のほか，産前産後休業を終了した際の改定や，育児休業等を終了した際の改定もある。

4　定年，在職老齢年金に関する相談は日常茶飯事

　定年を定めている場合は，60歳で定年とし，その後は1年ごとの契約更新となる会社が多いようです。定年後は賃金が低下することもありますが，生年月日によっては65歳前でも老齢厚生年金を受給できます。また，雇用保険には，60歳から最大5年の間，賃金が下がった分を補う**「高年齢雇用継続給付」**という制度があります。高年齢雇用継続給付は，60歳到達時に比べて**賃金が75％未満に低下した月**について，最大で**賃金の15％相当額が支給される**制度です。健康保険や厚生年金保険に入っていなくても，雇用保険に入っていれば支給対象となります。

　詳しくは第6章に事例がありますが，**賃金・年金・高年齢雇用継続給付を組み合わせる**と，会社は従業員の収入の激減を防ぎながら，次の世代を育てる費用を確保することができます。これは，**会社が健全に発達し，従業員が働く場所を生み出し続けるための仕組み**として，多くの企業が取り入れています。

　一般的には，次の図のような流れで進んでいきます。

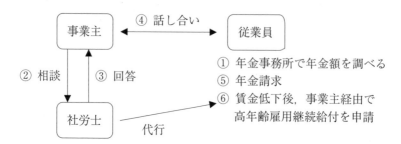

　老齢厚生年金は，月々の賃金や賞与の金額によっては全部または一部が支給停止となりますので，会社はそのことも考慮して新たな賃金を決定します。

　老齢厚生年金の支給停止額の計算に用いる数字は，毎年1月の終わりに厚生労働省から発表されます。本書の執筆時点では，次のようになっています。

60歳代前半	「老齢厚生年金の月額＋標準報酬月額＋直近1年の賞与の1／12」が28万円以下なら老齢厚生年金を全額支給する。
65歳以降	上記の額が47万円以下（令和元年度）なら老齢厚生年金を全額支給する。

序　章　知っておきたい社労士の実務

【高年齢雇用継続給付と在職老齢年金】

60歳

- 定年再雇用により賃金が低下
  ⇒ 標準報酬月額改定。通常の改定と異なり，低下の初月から改定できる（新しい保険料の控除は翌月から）。
  健保・厚年の「資格喪失届」と「資格取得届」を同時に提出する。

- 賃金が60歳到達時の75％未満に低下
  ⇒ 高年齢雇用継続給付を2か月に1回支給申請する。
  賃金の低下が60歳到達時の61％未満なら賃金の15％が支給される。
  支給期間は65歳到達月まで。

- 在職老齢年金
  ⇒ 厚生年金保険の被保険者は月々の賃金，賞与の1/12の額，老齢厚生年金の月額に応じて年金額が調整される（合計で月額28万円超えの場合）。

65歳

- 在職老齢年金
  ⇒ 月々の賃金，賞与の1/12の額，老齢厚生年金の月額が合計47万円超え（令和元年度）の場合に調整される。老齢基礎年金は在職中でも全額受給できる。

70歳

- 在職老齢年金
  ⇒ 「70歳以上被用者」として老齢厚生年金の調整が続くが，厚生年金保険の保険料を支払う必要はない。

60歳代前半の老齢厚生年金が支給されるのは，昭和36年4月1日以前生まれ（民間企業のみ勤務の女性等は昭和41年4月1日以前生まれ）の人

5　就業規則の作成は担当者の立場にも注意する

　就業規則は，常時10人以上の従業員がいる場合に，作成と届出の義務があります。**人数は，場所ごとに数えます**。常時10人未満なら就業規則の作成・届出義務はないのですが，実際には，就業規則の内容に準じて決めておかないと，不便な事柄があります。たとえば，給与計算に関して，**欠勤控除の対象となる手当，1日当たりの欠勤控除の計算方法**などがあげられます。これは，1か月何日労働するのか，1日何時間労働するのか，という労働時間の問題でもあります。

　また，社労士としては，"就業規則に関する話を誰とするのか"という点にも気をつけましょう。会社の中には，いろいろな立場の人がいます。事業主から相談が来て事業主と打ち合わせをする場合もあれば，社内の2番手，3番手の人から相談が来る場合もあります。**事業主以外の人と打ち合わせをするときは，事業主の視点も考慮して，特に慎重に対応したほうがよいでしょう**。

6　労働条件の明示の範囲も問い合わせが多い

　会社は，労働契約締結の際に，一定の範囲の労働条件を，書面の交付によって明示しなければなりません。右ページの就業規則の「絶対的必要記載事項」に，次の5つを加えると，労働条件についての絶対的明示事項（必ず明示するもの）となります（ただし，「昇給」は書面の交付義務なし）。

・労働契約の期間
・期間の定めがある場合の更新の基準
・就業の場所
・従事すべき業務
・所定労働時間を超える労働の有無（例；1日4時間の契約なら，1日4時間を超える労働があるかどうか）

　なお，パートタイム・有期雇用労働者については，「昇給の有無，退職手当の有無，賞与の有無，雇用管理の改善等に関する相談窓口」も，文書の交付等により明示しなければなりません。（令和2年4月1日より呼称が変更されます。こ

の改正は，中小企業は1年間猶予されます）

【就業規則の記載事項】
○ 絶対的必要記載事項（記載が義務づけられている事項）
　① 始業・終業の時刻，休憩時間，休日，休暇，労働者を2組以上に分けて交替で就業させる場合は，就業時転換に関する事項
　② 賃金（臨時の賃金等を除く）の決定，計算，支払の方法，賃金の締切り，支払の時期および昇給
　③ 退職（解雇の事由を含む）
○ 相対的必要記載事項（その定めをする場合には記載義務のある事項）
　① 退職手当（計算方法，支払時期，対象者等）
　② 臨時の賃金等
　③ 労働者に負担させる食事，作業用品等
　④ 安全および衛生
　⑤ 職業訓練
　⑥ 災害補償，業務外の傷病扶助
　⑦ 表彰および制裁
　⑧ その他，その事業場の労働者のすべてに適用される定め（例；休職）

注意事項

イ **減給の制裁**を定める場合は，1回の額は平均賃金の1日分の半額以下，総額は一賃金支払期における賃金総額の10分の1以下であること。

ロ 遅刻早退に対する賃金カットは，**その時間に対応する部分であれば**イの制限の対象外。

ハ 懲戒処分をする場合には，あらかじめ就業規則において**懲戒の種類と事由**を定めておくことを要する（最高裁判例）。

ニ 従業員と個別にかわす労働契約の内容が，就業規則で定める基準に達しないときは，その部分は無効となり**就業規則の基準に引き上げられる。**また，就業規則は法令または労働協約に反してはならない。

7　年金相談は嬉しい仕事

　老齢厚生年金や老齢基礎年金の請求は，一般に，非常にめんどうなイメージがあるかもしれません。しかし，社労士にとっては，大変に嬉しい仕事といえます。長い人生を頑張って歩んできた人が，「これから先の資金をどうしようかな」と真剣に考える頃に，年金の受給年齢になります。年金の手続が済み，その報告に行くと，依頼者から「長生きしなくちゃ」という言葉が出て，笑顔を見ることができます。**社労士をやっていてよかった**と思える瞬間です。自分に入ってくるお金でもないのに，嬉しくてたまらず，お祝いをしたくなるのです。

　誰もが一所懸命に生きていて，人生100年の時代に，できるだけ安心して過ごせる方法を探しています。その"安心"の一端を，お手伝いすることができるのが社労士という仕事であり，年金相談ではそれを強く実感することができます。

　どうか，年金相談に苦手意識を持たず，積極的に取り組んでください。

8　特定社労士とは何か

　特定社労士は，労使間にトラブルが生じたときに，当事者の代理をし早期解決を図る目的で創設されました。社労士として登録した人が一定の研修と試験を受けると，特定社労士となる資格を得ます。研修は，主に週末に開催されています。

　特定社労士が登場するのは，右ページのような場合です。**労使間のトラブルが，深刻化している段階**といえます。「あっせん」「調停」は，都道府県労働局に申し立てることになっていて，利用が広がれば，**裁判よりも早く多くの労働問題が解決する**と期待されています。

　さらに，社労士が**補佐人**として，弁護士と共に裁判に参加する仕組みも整いました。

　ただ，社労士としては，**労使間のトラブルを防ぐ**ことが本分です。そのための努力を惜しまないでください。揉め事に発展しそうな気配を感じ取ったときでも，冷静に，知識と経験を総動員して，事にあたりましょう。

序　章　知っておきたい社労士の実務

【特定社労士が当事者を代理することができる場面】

・個別労働関係紛争解決促進法に規定する「あっせん」の手続（労使間の紛争のうち，募集・採用に関するものを除き，対象としている）
・男女雇用機会均等法，育児・介護休業法，パートタイム・有期雇用労働法，障害者雇用促進法に規定する「調停」の手続（令和2年度からは派遣法も加わる）
・個別労働関係紛争に関する民間紛争解決手続であって一定のもの（紛争の目的の価額が120万円を超える場合には，弁護士が同一の依頼者から受任しているものに限る）

○https://www.shakaihokenroumushi.jp/about/tabid/212/Default.aspx　全国社会保険労務士会連合会「紛争解決手続代理業務」

○https://www.mhlw.go.jp/stf/houdou/0000213219.html　厚生労働省「『平成29年度個別労働紛争解決制度の施行状況』を公表します」

○http://www.mhlw.go.jp/stf/seisakunitsuite/bunya/koyou_roudou/roudoukijun/roumushi/hunsou.html　厚生労働省「紛争解決手続代理業務試験の結果について」

○https://www.shakaihokenroumushi.jp/consult/tabid/215/Default.aspx　社労士会労働紛争解決センター

【補佐人として裁判に出席することも可能となっている】

社労士は，「事業における労務管理その他の労働に関する事項および労働社会保険諸法令に基づく社会保険に関する事項」について，裁判所において，補佐人として，弁護士である訴訟代理人とともに出頭し，陳述をすることができる。
〔補佐人 ⇒ 資格に制限はないが，原則として裁判所の許可が必要。社労士は，この許可を要しない。〕

○https://www.shakaihokenroumushi.jp/about/tabid/213/Default.aspx　全国社会保険労務士会連合会「補佐人の業務」

9　5年に1度の倫理研修は社労士の義務

　社労士は，5年に1回，倫理研修を必ず受けることになっています。研修の日時は，都道府県社労士会から通知されます。修了すると，確かに出席したことを示すシールを渡されます。

　倫理研修では，数人ごとのグループに分けられ，事例を検討して発表します。社労士が，医師や弁護士と同様に**守秘義務がある**ことなどを踏まえておけば，難しい内容ではありません。

　都道府県単位の研修なので，**普段は会わない人と同じグループになって話す**よいチャンスです。初心にかえるきっかけともなるでしょう。

10　医療労務コンサルタントとして活躍の場を広げる

　都道府県社労士会では，「医療労務コンサルタント」になるための研修も開催しています。これは，社労士が**医療業界の労務管理分野へ業務の領域を拡大**し，社会貢献をするための制度として位置づけられています。研修の日時等は都道府県社労士会から案内されますので，できれば参加し，この波に乗っていきましょう。

11　マイナンバーの知識も必須となった

　平成30年から，雇用保険の各種届出に，マイナンバーの記入が義務づけられています。健康保険・厚生年金保険の届出にも，マイナンバーを記入する欄が設けられました。さらに，健康保険・厚生年金保険では，マイナンバーの利用により，**氏名変更や住所変更の届出が原則不要**となりました。

　社労士は多くの人のマイナンバーを入手する立場ですから，入手の時点から廃棄に至るまで，適切に管理していかなければなりません。マイナンバーを取り扱う際の注意点は，**個人情報保護委員会のホームページ**等で確認ができます。

12　電子申請は国から社労士への期待

　マイナンバー制度の発足，行政コストの削減といった流れの中で，労働・社会保険諸法令に基づく各種届出について，一定の法人は令和2年4月以降に開始する事業年度から，一定の手続きを電子申請で行うこととされました。**対象外である中小企業も，社労士が電子申請を代行する**ことが国から期待されています。

　少子高齢化で役所も人手不足のため，紙の届出を減らしていくのです。
○https://www.mhlw.go.jp/content/000511981.pdf　　厚生労働省リーフレット
「2020年4月から特定の法人について電子申請が義務化されます」

　令和2年1月からは，**保険関係成立届**（p.156）を，社会保険の新規適用届または雇用保険適用事業所設置届と同時に**統一様式**で提出することも可能となります（ワンストップ化）。

13　答えは法令と過去の積み重ねの中にある

　社労士の仕事をしていると，さまざまな相談が飛び込みます。その内容は，**解雇，有期労働契約，年次有給休暇，休職**など，さまざまです。会社の中である程度検討したうえで，問題点を社労士に相談してくるのですから，解決は簡単ではありません。

　でも，「難しい相談が来たらどうしよう」と，怖がるのはやめましょう。解決方法は，皆さんの手の届くところにあります。法令や通達，必要に応じて労働判例等にも目を通し，**どのような解決策が受け入れられてきたのか**を調べましょう。それを土台にして，**目の前の問題のどこに突破口があるか**を考えていきましょう。わからないときは，1人で結論を出さずに，都道府県労働局等の担当窓口に問い合わせ，足場をかためましょう。

　社労士は，何かを決定したり，新しいルールを作ったりする資格ではありません。その点では気持ちが楽ですが，相談に対する最適の答えにたどりつくまでの間には，ミステリー小説の中に迷い込んだような感覚を味わうこともあります。**その一歩一歩が，必ず次の仕事でも役立ちます**。相談はチャンスですから，前向きに捉えてください。

【60歳代前半の老齢厚生年金の支給開始年齢】

　60歳代前半の老齢厚生年金は，次のように，支給開始年齢が段階的に引き上げられてきました。現在は，第1号厚生年金被保険者（民間企業，以下「第1号」）の女子についても，61歳以降が支給開始となる③の段階に入っています。

①　昭和16年4月2日～昭和24年4月1日生まれの者と，昭和21年4月2日～昭和29年4月1日生まれの第1号女子について，**定額部分の支給開始年齢を61～64歳支給開始とする。**

②　昭和24年4月2日～昭和28年4月1日生まれの者と，昭和29年4月2日～昭和33年4月1日生まれの第1号女子について，**60歳から報酬比例部分のみ支給する。**

③　昭和28年4月2日～昭和36年4月1日生まれの者と，昭和33年4月2日～昭和41年4月1日生まれの第1号女子について，次の表のように，**報酬比例部分の支給開始年齢を61～64歳支給開始とする。**

支給開始年齢	第1号女子以外	第1号女子
61歳	昭28.4.2～昭30.4.1	昭33.4.2～昭35.4.1
62歳	昭30.4.2～昭32.4.1	昭35.4.2～昭37.4.1
63歳	昭32.4.2～昭34.4.1	昭37.4.2～昭39.4.1
64歳	昭34.4.2～昭36.4.1	昭39.4.2～昭41.4.1

④　昭和36年4月2日以後生まれの者と，昭和41年4月2日以後生まれの第1号女子は，65歳支給開始となる。

〔**定額部分**…満額の老齢基礎年金の額（約78万円）を原則的な上限としているが，生年月日によってはこれを上回る場合がある。また，**厚生年金保険に44年以上加入していた場合などは，報酬比例部分のみ支給に該当する生年月日の者にも定額部分が支給される。**〕

〔**報酬比例部分**…月々の賃金や賞与に応じて計算される部分。ただし，**月々の賃金は62万円まで，賞与は1か月につき150万円までしか反映されない。**〕

第1章

入社したときの手続

1　健康保険　厚生年金保険　被保険者資格取得届

〔使う時期〕被保険者となる人を雇ったとき／適用除外者が被保険者に該当したとき等
〔記入する際の注意点〕健康保険組合に加入している事業所は，独自の用紙があるので取り寄せる。氏名・生年月日は，年金手帳（基礎年金番号通知書）と照合する
〔提出時期〕5日以内
〔提 出 先〕年金事務所（事務センター郵送も可），健康保険組合

【人事労務担当者は，ここに気をつけて！】

　この届に書いた住所は，「ねんきん定期便」の送付先となります。被保険者が**「今，郵便を受け取れる住所」**を書いてください。「報酬月額」には，残業代，通勤手当なども含まれます。

　同じ日に入社した人が複数いる場合は，同時にこの届を出せるとは限りませんので，**必要な情報が揃った人から手続をしましょう**。なお，70歳以上で，適用除外者とならない人を雇ったときも，この届を提出します。

【社労士は，ここを確認して！】

　年金番号は，年金手帳などの公的なもので確認しましょう。年金手帳に2つ以上の番号が書かれているときには，**「基礎年金番号へ統合済」**と記載があれば，1本化されています。1本化されていなければ，統合の手続をしましょう。

　年金番号以外も，**記入する内容は，口頭ではなく書面で確認してください**。報酬月額は，諸手当の内訳を見て，電卓を入れて合計額を確かめる必要があります。実際に支払われた報酬がこの金額と異なるときは，後日，資格取得届の訂正が必要となる場合があります（☞Q＆A）。

　住所のフリガナ等もきちんと調べ，届が完成したら，**コピーをとってから提出**しましょう。その後は，**保険料額のお知らせ**を忘れずに。給与計算の担当者の手間を考えて，早めにお知らせしましょう（☞Q＆A）。

様式コード	健康保険 厚生年金保険	被保険者資格取得届
2 2 0 0	厚生年金保険	70歳以上被用者該当届

平成 30 年 8 月 24 日提出

提出者記入欄	事業所 整理記号	×× － ×××	事業所 番号	/ ×××	
	事業所 所在地	届書記入の個人番号に誤りがないことを確認しました。 〒350－×××× 川越市 △△町 3－×－×			受付印
	事業所 名称	SK商事 株式会社			
	事業主 氏名	代表取締役 大宮太郎 ㊞事業主印			社会保険労務士記載欄
	電話番号	049 (×××) ××××			氏名等　　㊞

被保険者1

① 被保険者 整理番号		② 氏名	(フリガナ) カワグチ マコト (氏) 川口　(名) 真	③ 生年 月日	⑤昭和 7.平成	年 43 月 07 日 20	④ 種別	1.男 5.男(基金) 2.女 6.女(基金) 3.坑内員 7.坑内員 (基金)
⑤ 取得 区分	①健保・厚年 3.共済出向 4.船保任継	⑥個人 番号 [基礎年 金番号]	2××××××××	⑦ 取得 (該当) 年月日	7.平成	年 30 月 08 日 24	被扶 養者	0.無 1.有
⑦ 報酬 月額	⑦(通貨) 420,000 円 ⑦(現物) 0 円		⑫(合計⑦+⑦) 4 2 0 0 0 0 円	⑩ 備考	該当する項目を○で囲んでください。 1. 70歳以上被用者該当 2. 二以上事業所勤務者の取得	3. 短時間労働者の取得(特定適用事業所等) 4. 退職後の継続再雇用者の取得 5. その他		
⑨ 住所	日本年金機構に提出する際、個人番号を記入した場合は、住所記入は不要です。 〒350-1106(フリガナ) カワゴエシ コバ 川越市 小室×××－×						理由:	1. 海外在住 2. 短期在留 3. その他

被保険者2

① 被保険者 整理番号		② 氏名	(フリガナ) (氏)　　(名)	③ 生年 月日	5.昭和 7.平成	年 月 日	④ 種別	1.男 5.男(基金) 2.女 6.女(基金) 3.坑内員 7.坑内員 (基金)
⑤ 取得 区分	①健保・厚年 3.共済出向 4.船保任継	⑥個人 番号 [基礎年 金番号]		⑦ 取得 (該当) 年月日	7.平成	年 月 日	被扶 養者	0.無 1.有
⑦ 報酬 月額	⑦(通貨) 円 ⑦(現物) 円		⑫(合計⑦+⑦) 円	⑩ 備考	該当する項目を○で囲んでください。 1. 70歳以上被用者該当 2. 二以上事業所勤務者の取得	3. 短時間労働者の取得(特定適用事業所等) 4. 退職後の継続再雇用者の取得 5. その他		
⑨ 住所	日本年金機構に提出する際、個人番号を記入した場合は、住所記入は不要です。 〒　－　(フリガナ)						理由:	1. 海外在住 2. 短期在留 3. その他

被保険者3

① 被保険者 整理番号		② 氏名	(フリガナ) (氏)　　(名)	③ 生年 月日	5.昭和 7.平成	年 月 日	④ 種別	1.男 5.男(基金) 2.女 6.女(基金) 3.坑内員 7.坑内員 (基金)
⑤ 取得 区分	①健保・厚年 3.共済出向 4.船保任継	⑥個人 番号 [基礎年 金番号]		⑦ 取得 (該当) 年月日	7.平成	年 月 日	被扶 養者	0.無 1.有
⑦ 報酬 月額	⑦(通貨) 円 ⑦(現物) 円		⑫(合計⑦+⑦) 円	⑩ 備考	該当する項目を○で囲んでください。 1. 70歳以上被用者該当 2. 二以上事業所勤務者の取得	3. 短時間労働者の取得(特定適用事業所等) 4. 退職後の継続再雇用者の取得 5. その他		
⑨ 住所	日本年金機構に提出する際、個人番号を記入した場合は、住所記入は不要です。 〒　－　(フリガナ)						理由:	1. 海外在住 2. 短期在留 3. その他

被保険者4

① 被保険者 整理番号		② 氏名	(フリガナ) (氏)　　(名)	③ 生年 月日	5.昭和 7.平成	年 月 日	④ 種別	1.男 5.男(基金) 2.女 6.女(基金) 3.坑内員 7.坑内員 (基金)
⑤ 取得 区分	①健保・厚年 3.共済出向 4.船保任継	⑥個人 番号 [基礎年 金番号]		⑦ 取得 (該当) 年月日	7.平成	年 月 日	被扶 養者	0.無 1.有
⑦ 報酬 月額	⑦(通貨) 円 ⑦(現物) 円		⑫(合計⑦+⑦) 円	⑩ 備考	該当する項目を○で囲んでください。 1. 70歳以上被用者該当 2. 二以上事業所勤務者の取得	3. 短時間労働者の取得(特定適用事業所等) 4. 退職後の継続再雇用者の取得 5. その他		
⑨ 住所	日本年金機構に提出する際、個人番号を記入した場合は、住所記入は不要です。 〒　－　(フリガナ)						理由:	1. 海外在住 2. 短期在留 3. その他

協会けんぽご加入の事業所様へ
※ 70歳以上被用者該当届のみ提出の場合は、「⑩備考」欄の「1. 70歳以上被用者該当」および「5. その他」に〇をし、「5. その他」の〔　〕内に「該当届のみ」とご記入ください(この場合、健康保険被保険者証の発行はありません)。

19

2　健康保険被扶養者（異動）届

〔使う時期〕被扶養者のある被保険者を雇ったとき／被扶養者の増減（出生・
　　死亡・就職・離婚等）があったとき
〔記入する際の注意点〕年収は，これからの見込みを記入する
〔提出時期〕5日以内
〔提 出 先〕年金事務所（事務センター郵送も可）または健康保険組合

【人事労務担当者は，ここに気をつけて！】

　75歳以上の人は，**後期高齢者医療制度の被保険者**となるため，被扶養者になることはできません。たとえば，被保険者から「親を被扶養者にしたい」と申出があったときは，最初に年齢を確認してください。

　20歳以上60歳未満の配偶者が被扶養者になるときは，この用紙は，「国民年金第3号被保険者の届出」も兼ね，配偶者は国民年金の保険料が「納付済」となります。

　子が被扶養者になるときは，在学証明の取り寄せが必要な場合があります。大学等の事務局が休みになると，取り寄せに時間がかかるので注意しましょう。

【社労士は，ここを確認して！】

　被扶養者の名前の，漢字やフリガナは，丁寧に確認しましょう。名前に使う漢字は，独特の読み方をすることがあります。

　また，**被扶養者となる人の姓が被保険者と異なるときは，続柄を証明する書類**が必要です。事実婚の配偶者なら，「妻（未届）」といった記載のある住民票を取ってもらいましょう。続柄が「同居人」となっていると，被扶養者にはなれません。

　ほかに，父母や祖父母も，被保険者と姓が異なることがあります。戸籍謄本（戸籍抄本）等が必要となりますので，提出先に早めに確認してください。

　年収要件には，**雇用保険の給付**や，**健康保険の傷病手当金**も含まれます。年金収入は，老齢給付だけでなく**障害・遺族給付**も含まれます。

様式コード			健康保険	被扶養者（異動）届
2 2 0 2	協会管掌事業所用		国民年金	第3号被保険者関係届

平成 30 年 8 月 24 日提出

事業主記入欄

事業所整理記号	× × - × × × ×

届書記入の個人番号（基礎年金番号）に誤りがないことを確認しました。

事業所所在地　〒350- ××××
川越市 △△町 3-×-×

事業所名称　SK商事 株式会社

事業主氏名　代表取締役 大宮太郎　㊞

電話番号　049 （×××）××××

事業主確認欄　事業主が確認した場合は確認されている番号は、所得税法上の控除対象配偶者・扶養親族であることを確認しました。○で囲んでください。　確認

受付印

厚生年金被保険者の配偶者にかかる届出記載がある場合、同時に『国民年金第3号被保険者関係届』として受理し、配偶者を第3号被保険者に、第2号被保険者を配偶者として読み替えます。

社会保険労務士記載欄　氏名等　㊞

事業主等受付年月日　平成 30 年 8 月 23 日

A 被保険者欄

① 被保険者整理番号	② 氏名（フリガナ）カワグチ マコト　川口 真	③ 生年月日 5.昭和 7.平成 43 07 20	④ 性別 1.男 2.女
	⑤ 個人番号（基礎年金番号）2× ×× ×× ×× ××		
⑥ 取得年月日 7.平成 30 08 21	⑦ 収入（年収）5,880,000 円	⑧ 住所 〒350-1106 川越市小室×××-×	

B 配偶者である被扶養者欄（第3号被保険者）

配偶者が被扶養者（第3号被保険者）になった場合は「該当」、被扶養者でなくなった場合は「非該当」、変更の場合は「変更」を○で囲んでください。

第3号被保険者に関し、この届書記載のとおり届出します。
平成 30 年 8 月 22 日

① 氏名（フリガナ）カワグチ アオイ　川口 葵　㊞	② 生年月日 5.昭和 7.平成 43 11 19	③ 個人番号（基礎年金番号）2× ×× ×× ×× ××
※第3号被保険者関係届の提出は配偶者（第2号被保険者）に委任します ☑	外国籍	

④ 住所 〒350-1106 川越市小室×××-×	⑤ 電話番号 自宅 携帯 勤務先 その他 049（×××）××××

該当（第3号被保険者） 被扶養者になった日 7.平成 30 08 21	理由 1.配偶者の就職 4.収入減少 2.離職 5.その他 3.離婚	職業 1.無職 4.その他 2.パート 3.年金受給者	収入（年収）1,008,000 円
非該当（第3号被保険者でなくなった日） 年 月 日	理由 1.死亡（平成 年 月 日）4.75歳到達 2.離婚 5.収入増加 3.その他 6.障害認定	備考	種別 31

⑩ 被扶養者（第3号被保険者）を有するときに記入してください。　配偶者の収入（年収）　円

C その他の被扶養者欄

配偶者以外の方が被扶養者になった場合は「該当」、被扶養者でなくなった場合は「非該当」、変更の場合は「変更」を○で囲んでください。

① 氏名（フリガナ）カワグチ ユカ　川口 夕花	② 生年月日 5.昭和 7.平成 20 06 30	③ 個人番号 ×× ×× ×× ×× ××	④ 性別 1.男 2.女	⑤ 住所 1.同居 2.別居	⑥ 続柄 1.実子・養子 6.兄姉 2.1以外の子 7.祖父母 3.父母・養父母 8.曾祖父母 4.義父母 9.孫 5.弟妹 10.その他
該当 被扶養者になった日 平成 30 08 21	職業 1.無職 4.小・中学生以下 2.パート 5.高・大学生（ 年生）3.年金受給者 6.その他	収入（年収）0 円		理由 1.出生 4.同居 2.離職 5.その他 3.収入減 ( )	
非該当 被扶養者でなくなった日 平成 年 月 日	理由 1.死亡 4.収入増加 2.離婚 5.障害認定 3.就職 6.75歳到達 (その他)	備考			

① 氏名（フリガナ）（氏）（名）	② 生年月日 5.昭和 7.平成	③ 個人番号	④ 性別 1.男 2.女	⑤ 住所 1.同居 2.別居	⑥ 続柄 1.実子・養子 6.兄姉 2.1以外の子 7.祖父母 3.父母・養父母 8.曾祖父母 4.義父母 9.孫 5.弟妹 10.その他
該当 被扶養者になった日 平成 年 月 日	職業 1.無職 4.小・中学生以下 2.パート 5.高・大学生（ 年生）3.年金受給者 6.その他	円		理由 1.出生 4.同居 2.離職 5.その他 3.収入減 ( )	
非該当 被扶養者でなくなった日 平成 年 月 日	理由 1.死亡 4.収入増加 2.離婚 5.障害認定 3.就職 6.75歳到達 (その他)	備考			

① 氏名（フリガナ）（氏）（名）	② 生年月日 5.昭和 7.平成	③ 個人番号	④ 性別 1.男 2.女	⑤ 住所 1.同居 2.別居	⑥ 続柄 1.実子・養子 6.兄姉 2.1以外の子 7.祖父母 3.父母・養父母 8.曾祖父母 4.義父母 9.孫 5.弟妹 10.その他
該当 被扶養者になった日 平成 年 月 日	職業 1.無職 4.小・中学生以下 2.パート 5.高・大学生（ 年生）3.年金受給者 6.その他	円		理由 1.出生 4.同居 2.離職 5.その他 3.収入減 ( )	
非該当 被扶養者でなくなった日 平成 年 月 日	理由 1.死亡 4.収入増加 2.離婚 5.障害認定 3.就職 6.75歳到達 (その他)	備考			

※被扶養者の「該当」と「非該当（変更）」は同時に提出できません。「該当」、「非該当」、「変更」はそれぞれ別の用紙で提出してください。

扶養に関する申立書（添付書類が提出できない事情にある場合に記入してください。）

上記の事実に相違ありません。　氏名　　　　　　　㊞

21

3 健康保険被保険者資格証明書交付申請書

〔使う時期〕健康保険の被保険者証が届く前に病院に行きたい人がいるとき
〔記入する際の注意点〕被扶養者の欄は，全員について記入する
〔提出時期〕そのつど
〔提　出　先〕年金事務所（事務センター郵送も可）

【人事労務担当者は，ここに気をつけて！】

　この申請書を提出すると，健康保険の「被保険者資格証明書」が交付されます。被保険者資格証明書は，被保険者証が手元に届くまでの間，代わりに病院の窓口に出すものです。それによって，病院の窓口での支払いは，医療費の３割（原則）で済みます。人事労務担当者の方は，入社した人に，**このような申請ができることについて，ひと声かけてください**。特に，被扶養者がある人は，この制度のことを知れば安心することでしょう。

　この申請は，**被保険者証の紛失**などによって，急に必要になることもあります。「社長が明日から海外出張に出かけるため，今日でないと事業主印をもらえない」ときもあるでしょう。可能な範囲で事前に対応してください。

　なお，被保険者証ができあがったら，被保険者資格証明書を回収してください。

【社労士は，ここを確認して！】

　健康保険の被保険者証は，協会けんぽの場合は全国健康保険協会から送付されます。ところがこの申請書は，日本年金機構（年金事務所）が窓口です。これは，健康保険と厚生年金保険の資格取得手続を同時に行うためです。すぐに協会けんぽに情報が登録されるわけではないので，その分，被保険者証の交付に時間がかかります。そこで，この申請書が活躍します。

　被保険者資格証明書は，まだ新しい制度なので，このような証明書があることを知らない人がたくさんいます。人事労務担当者には，**入社手続のたびに，この申請をするかどうかを確認する**のがよいでしょう。「前に説明したから，わかっているはず」と思わずに，こちらから声をかけることが大切です。

　入社手続の際には，被保険者資格取得届や被扶養者届などに事業主印をもらいますから，この申請書も一緒にセットしておくことをおすすめします。

第1章 入社したときの手続

健康保険被保険者資格証明書交付申請書

申請年月日　平成30年8月4日

事業所	事業所整理記号	×××××	事業所番号	1×××

事業主又は被保険者に記入していただくところ

被保険者

フリガナ	カワグチ　マコト	生年月日	明・大・昭・平 43年7月20日生	男・女
氏名	川口 真			
資格取得年月日		平成　年　月　日		

被扶養者

フリガナ	カワグチ　アオイ	生年月日	明・大・昭・平 43年11月19日生	男・女
氏名	川口 葵			
被扶養者となった日	上記資格取得年月日と同じ・平成　年　月　日			

フリガナ	カワグチ　ユカ	生年月日	明・大・昭・平 20年6月30日生	男・女
氏名	川口 夕花			
被扶養者となった日	上記資格取得年月日と同じ・平成　年　月　日			

フリガナ		生年月日	明・大・昭・平　年　月　日生	男・女
氏名				
被扶養者となった日	上記資格取得年月日と同じ・平成　年　月　日			

フリガナ		生年月日	明・大・昭・平　年　月　日生	男・女
氏名				
被扶養者となった日	上記資格取得年月日と同じ・平成　年　月　日			

証明書発行理由	健康保険被保険者証発行手続き中のため

上記被保険者(被扶養者)にかかる被保険者資格を証明します。

事業所所在地　〒350-××××　川越市○○町3-×-×
事業所名称　　SK商事株式会社
事業主(被保険者)氏名　代表取締役　大宮太郎　㊞

日本年金機構理事長　殿

社会保険労務士記載欄	㊞

注)事業主(被保険者)の押印については、署名(自筆)の場合は省略できます。

証明年月日　平成　年　月　日

健康保険被保険者資格証明書

上記の被保険者(被扶養者)は、現に全国健康保険協会が管掌する健康保険の被保険者(被扶養者)の資格を有することを証明します。

日本年金機構理事長　印

年金事務所が記入するところ

保険者	番号	
	名称	
	所在地	
被保険者証記号番号	記号：	番号：
証明書有効期間	上記証明年月日から	平成　年　月　日まで

注1) 被保険者証は有効期間が経過したとき、又は有効期間内であっても被保険者証が交付された場合は、事業主に返付してください。事業主は、これを年金事務所に提出してください。
注2) 有効期間は証明年月日から20日以内となります。

4　雇用保険被保険者資格取得届

〔使う時期〕被保険者となる人を雇ったとき／適用除外者が被保険者に該当したとき
〔記入する際の注意点〕すでに雇用保険の被保険者証を持っている人には，それを見せてもらう
〔提出時期〕資格取得年月日の属する月の翌月10日まで
〔提　出　先〕事業所の所在地を管轄する公共職業安定所（令和2年1月1日から，年金事務所経由での提出が可能）

【人事労務担当者は，ここに気をつけて！】

　この書類は，「出し忘れ」のないように気をつけてください。提出期限に余裕があるため，後回しになることが多いようですが，退職時になって気づいてあわてるのは，いやなものです。

　何年も前にさかのぼって資格取得届を提出しようとしても，基本的には**2年前までしかさかのぼれません**。賃金からの保険料控除が証明できれば，2年より長い期間にわたってさかのぼりを認める特例もありますが，添付書類が多く，煩雑な手続になります。

【社労士は，ここを確認して！】

　15欄の「1週間の所定労働時間」は，時間外労働や休日労働を含まない時間を記入します。労働条件通知書等で確認してから記入してください。

　取締役・役員の場合には，**労働者としての部分についてのみ**，被保険者となります。その確認のため，「兼務役員雇用実態証明書」も提出します。

　この届出は，労働保険事務組合に委託している事業所については，事務組合が提出します。新しい顧問先を獲得したら，**事務組合委託かどうか**を必ず確かめましょう。社労士は，事務組合に雇用保険資格取得のための情報を預けることになります。連絡方法は，事務組合ごとに異なります。できあがった被保険者証は，事務組合から事業所へ送付されます。社労士としては，**事務組合に送付したものや連絡の日時等を，必ず記録に残しましょう**。事務組合委託であっても，事業所が「手続は済んでいますか？」と問い合わせる相手は，社労士なのですから。

第1章 入社したときの手続

雇用保険被保険者資格取得届

様式第2号

標準字体：0 1 2 3 4 5 6 7 8 9

※個人番号記入欄を空欄で提出された場合は、後日『個人番号登録・変更届出書』により、個人番号を提出してください。（必ず第2面の注意事項を読んでから記載してください。）

帳票種別	1. 個人番号
1 4 1 0 1	1 × × × × × × × × × × ×

2. 被保険者番号	3. 取得区分
5 × × × - × × × × × × - 0	2 （1 新規 / 2 再取得）

番号が不明の場合は余白等に職歴を記入するか、履歴書等、職歴が確認できる書類を添付してください。

4. 被保険者氏名	フリガナ（カタカナ）
川口 真	カワグチ マコト

5. 変更後の氏名	フリガナ（カタカナ）

6. 性別	7. 生年月日		8. 事業所番号
1 （1 男 / 2 女）	3 - 4 3 0 7 2 0（元号 年 月 日）	(1 明治 3 昭和 / 2 大正 4 平成)	1 1 × - × × × × × × - ×

この用紙は、このまま機械で処理しますので、汚さないようにしてください。

見習い・試用期間等を含めた雇い入れをした初日となります。

9. 被保険者となったことの原因	10. 賃金（支払の態様・賃金月額：単位千円）	11. 資格取得年月日
2	1 - 4 2 0（百万 十万 万 千円） （1 月給 2 週給 3 日給 / 4 時間給 5 その他）	4 - 3 0 0 8 2 1（元号 年 月 日）

1 新規雇用（新規学卒）
2 新規雇用（その他）
3 日雇からの切替
4 その他
5 出向元への復帰等（65歳以上）

12. 雇用形態	13. 職種	14. 就職経路	15. 1週間の所定労働時間
7	0 4（01～11 第2面参照）	1	4 0 0 0 時間 分

1 日雇　2 派遣　3 パートタイム　4 有期契約労働者　5 季節的雇用　6 船員　7 その他

1 安定所紹介　2 自己就職　3 民間紹介　4 把握していない

※法人・団体の役員、個人事業主と同居の親族は原則として被保険者となりません。

16. 契約期間の定め	1 有 契約期間 平成　年　月　日 から 平成　年　月　日 まで
②無	契約更新条項の有無（1 有 / 2 無）

以下のいずれかに○を付けてください。
取締役・役員である（はい・いいえ） 家族従業員である（はい・いいえ）

事業所名 [SK商事 株式会社] 備考 [　　　　　　　　　　]

17欄から22欄までは、被保険者が外国人の場合のみ記入してください。

17. 被保険者氏名（ローマ字）（アルファベット大文字で記入してください。）

被保険者氏名〔続き（ローマ字）〕	18. 国籍・地域	19. 在留資格

20. 在留期間	21. 資格外活動許可の有無	22. 派遣・請負就労区分
西暦　年　月　日　まで	（1 有 / 2 無）	1 派遣・請負労働者として主として当該事業所以外で就労する場合 2 1に該当しない場合

※公共職業安定所記載欄

23. 取得時被保険者種類	24. 番号複数取得チェック不要	25. 国籍・地域コード	26. 在留資格コード
1 一般　2 短期常用　3 季節　4 高年齢（継続加入）5 出向元への復帰（65歳以上）等・高年齢	チェック・リストが出力されたが、調査の結果、同一人でなかったため「1」を記入。	18欄に対応するコードを記入	26欄に対応するコードを記入

雇用保険法施行規則第6条第1項の規定により上記のとおり届けます。在留カードに表示されているローマ字を記入してください。

住　所　さいたま市 ××区 ○○町5-×-×
事業主　氏名　労働保険事務組合○○共栄会
　　　　　　　会長　桐野　安雄　　㊞ 事務組合印
電話番号　048-×××-××××

平成 30 年 8 月 30 日

公共職業安定所長　殿

記名押印又は署名

社会保険労務士記載欄	作成年月日・提出代行者・事務代理者の表示	氏　名	電話番号
		㊞	

備考
1. 労働者名簿
2. 出勤簿（タイムカード）
※短時間労働者（週所定労働時間30時間未満）は雇用契約書等を添付してください。

確認通知 平成　年　月　日

所長	次長	課長	係長	係	操作者

(1) 2016.7

《入社に関するQ＆A》

● 新入社員が入社してから，最初の給与計算を終えるまでの，一連の流れを説明してください。
　たとえば，給与計算が20日締め月末払いで，平成30年5月15日に入社した45歳の人については，どのようになりますか。報酬月額は25万円です。

(1) まず，健康保険と厚生年金保険の被保険者資格取得届を提出しましょう。後日，被保険者番号や標準報酬月額などが記載された「決定通知書」が送付されます。これは，社労士あてに送付してもらうこともできます。事業所あてに送付の場合は，標準報酬月額などの**個人情報を見てもよい人だけが開封する**ようにしてください。

(2) 雇用保険の被保険者資格取得届は，6月10日までに事業所の所在地を管轄する公共職業安定所に提出してください。窓口へ持参の場合は，問題がなければ，その場で事業主控や被保険者証が交付されます。

(3) 報酬月額が25万円以上27万円未満の場合には，標準報酬月額は26万円です。保険料額を確認し，**給与計算の際に控除する被保険者負担分の保険料**を，書面で知らせましょう。

(4) 最初の給与計算は，5月15日から5月20日までの分です（これを5月分と呼ぶことにします）。5月分の給与計算では，**雇用保険料の被保険者負担分のみ**控除してください。

(5) 6月分の給与計算では，健康保険（介護保険含む）・厚生年金保険・雇用保険の保険料の被保険者負担分を控除してください。

● 資格取得届には報酬月額20万円と記入しましたが，手当の算入もれがあり，**標準報酬月額が変わってしまいます。どのような手続が必要ですか。**
　資格取得届の用紙を使って，「取得時報酬訂正」の届出をしましょう。資格取得届に書いた内容を記入し，報酬月額と標準報酬月額は，最初に届けたものを赤で，正しいものを黒で，2段書きしておきます。この届は，あまり広く知られているものではありませんが，算定基礎届や調査の際に，届出漏れがないかどうか厳しくチェックされます。年金事務所または日本年金機構の事務センターに問い

合わせれば，個々のケースについて，届出が必要かどうかを教えてもらえます。

● 雇用保険の再就職手当支給申請書に，事業主の証明を求められました。どのような点に注意したらよいですか。

被保険者が公共職業安定所に申告している「就職年月日」が，事業主が証明する「雇入年月日」と一致しているかどうかを確認してください。再就職手当は，「早期に再就職した人に，雇用保険の給付の残りを，最大70％，一時金として支給する」ものです。雇用保険の給付は，短期給付のためか不正受給が多いのですが，人事労務担当者も，社労士も，**事実を届け出る**ことを第一に考えましょう。

● 雇用保険被保険者資格取得届を出したら，「前の会社での資格喪失が済んでいません」と言われました。この場合の注意点は何ですか。

前の会社が資格喪失届を出すまでは，手続が進みません。手続の完了までに，数か月かかることもあります。資格取得届が提出済であることを，**時間が経ってもわかるようにしておきましょう。**

● 雇用保険の資格取得日を10月1日として資格取得届を提出したのですが，「前の会社が有休消化で10月10日退職となっている」と言われました。うちの会社での資格取得日を後にずらすとのことですが，問題ありませんか。

雇用保険の資格は1日の空白もない状態になりますから，被保険者にとっては問題がありません。会社としては，健康保険・厚生年金保険と雇用保険の資格取得日が一致しないことを，理由も含めて書いておきましょう。人事労務担当者は人が入れ替わることもありますから，**自分以外の人が見てもわかるように書いておくことが大切です。**

【無期転換申込権】

　2以上の有期労働契約を通算して5年を超えた人は，無期労働契約の申込みをすることができます。これは一般に「無期転換ルール」と呼ばれ，関心を集めています。

　ただし，「正社員になる申込み」ではありません。ここでは，無期転換申込みについて誤解されやすいことをあげてみます。

① 無期転換の申込みをすると，何が有利になるのか？
　⇒ 契約期間の定めのない労働契約となる。契約期間以外の労働条件は，前と同じ。
② 有期労働契約のときは時給制だったが，無期転換後は月給制になるのか？
　⇒ 特に定めがなければ，時給制のまま。
③ 年次有給休暇の日数は，正社員と同じで最低でも10日になるのか？
　⇒ 週4日以下かつ週30時間未満の契約の場合は，付与日数が少ない。
④ 無期転換後は，退職を申し出ない限り在職していられるのか？
　⇒ 解雇事由に該当すれば，解雇されることもある。
⑤ 無期転換後に退職した場合は，雇用保険の失業時の手当が増えるのか？
　⇒ 無期転換を理由に増えるわけではないが，在職期間が長くなれば給付日数が増えることはある。

　また，次の人については，事業主が計画を提出して認定を受ければ，無期転換申込権が発生しないこととされています。

> イ　一定のプロジェクト（高度の専門的知識等を必要とする業務であること）に従事する者（無期転換申込権が発生しない期間は，10年が上限）
> ロ　60歳以上で定年後引き続き雇用される者

　特にロは，社労士・人事労務担当者の日常業務において重要です。

○http://www.mhlw.go.jp/file/06-Seisakujouhou-11200000-Roudoukijunkyoku/0000075676.pdf　厚生労働省「高度専門職・継続雇用の高齢者に関する無期転換ルールの特例について」

第2章

退職したときの手続

5　健康保険　厚生年金保険　被保険者資格喪失届

〔使う時期〕被保険者が退職したとき／被保険者が死亡したとき／被保険者が
　　70歳に達したとき／後期高齢者医療の被保険者となったとき　等
〔記入する際の注意点〕資格喪失年月日をしっかり確認する
〔提出時期〕5日以内
〔提 出 先〕年金事務所（事務センター郵送も可），健康保険組合

【人事労務担当者は，ここに気をつけて！】

　健康保険の被保険者である従業員が退職するときは，健康保険の被保険者証を返してもらいましょう。任意継続被保険者の手続をする人も，返納が必要です。時には，「欠勤したので様子を見にいったら，アパートがもぬけの殻だった」ということもあります。その場合でも落ち着いて，資格喪失の手続を進めましょう。

　なお，この書類は，後期高齢者医療の被保険者（原則：75歳以上）となったために健康保険の被保険者資格を喪失するとき等にも使います。年齢による資格喪失の場合は，日本年金機構からこの用紙が届きます。

【社労士は，ここを確認して！】

　返納する被保険者証は，（返納の証拠として）コピーをとっておきましょう。そのほかに，被保険者の資格喪失について社労士が注意しなければならないのは，**給与計算での保険料控除**です。保険料は，原則として**前月分を控除する**ことになっています。平成30年5月30日に退職し，翌日に被保険者資格を喪失した従業員について考えてみましょう。給与計算が20日締め25日払いとすれば，4月21日から5月20日までの「5月分給与」では，4月分の保険料（健康保険・介護保険・厚生年金保険・雇用保険）を控除します。5月21日から5月30日までの「6月分給与」では，雇用保険の保険料のみ控除します。**資格喪失月（5月）については，健康保険・介護保険・厚生年金保険の保険料が発生しない**ためです。

　退職者があるときは，会社から，「最後の給与計算では，保険料は引いていいの？」と質問が来ることが多いでしょう。退職日を書面で確認したうえで，落ち着いて対応してください。

様式コード
2201

健康保険
厚生年金保険
被保険者資格喪失届
厚生年金保険
70歳以上被用者不該当届

平成 30 年 6 月 15 日提出

提出者記入欄

事業所整理記号	××－×××
事業所番号	1×××
事業所所在地	届書記入の個人番号に誤りがないことを確認しました。 〒350－×××× 川越市△△町3－×－×
事業所名称	SK商事　株式会社
事業主氏名	代表取締役　大宮太郎　（事業主印）
電話番号	049（×××）××××

在職中に70歳に到達された方の厚生年金保険被保険者喪失届は、この用紙ではなく『70歳到達届』を提出してください。

受付印

社会保険労務士記載欄
氏名等　　　　　　㊞

被保険者1

① 被保険者整理番号	5	② 氏名	(ﾌﾘｶﾞﾅ) ウラワ　ジロウ (氏) 浦和　(名) 次郎
③ 生年月日	⑤昭和・7.平成　41年05月21日		
④ 個人番号［基礎年金番号］	2×××××××××	⑤ 喪失年月日	7.平成　30年06月11日
⑥ 喪失（不該当）原因	④ 退職等（平成30年6月10日退職等） 5. 死亡（平成　年　月　日死亡） 7. 75歳到達（健康保険のみ喪失） 9. 障害認定（健康保険のみ喪失）		
⑦ 備考	該当する項目を○で囲んでください。 1. 二以上事業所勤務者の喪失　3. その他 2. 退職後の継続再雇用者の喪失［　　］	保険証回収	添付 1 枚 返不能 ＿＿ 枚
⑧ 70歳不該当	□ 70歳以上被用者不該当（退職日または死亡日を記入してください） 不該当年月日　7.平成　年　月　日		

被保険者2

① 被保険者整理番号		② 氏名	(ﾌﾘｶﾞﾅ) (氏)　(名)
③ 生年月日	5.昭和・7.平成　年　月　日		
④ 個人番号［基礎年金番号］		⑤ 喪失年月日	7.平成　年　月　日
⑥ 喪失（不該当）原因	4. 退職等（平成　年　月　日退職等） 5. 死亡（平成　年　月　日死亡） 7. 75歳到達（健康保険のみ喪失） 9. 障害認定（健康保険のみ喪失）		
⑦ 備考	該当する項目を○で囲んでください。 1. 二以上事業所勤務者の喪失　3. その他 2. 退職後の継続再雇用者の喪失［　　］	保険証回収	添付 ＿＿ 枚 返不能 ＿＿ 枚
⑧ 70歳不該当	□ 70歳以上被用者不該当（退職日または死亡日を記入してください） 不該当年月日　7.平成　年　月　日		

被保険者3

① 被保険者整理番号		② 氏名	(ﾌﾘｶﾞﾅ) (氏)　(名)
③ 生年月日	5.昭和・7.平成　年　月　日		
④ 個人番号［基礎年金番号］		⑤ 喪失年月日	7.平成　年　月　日
⑥ 喪失（不該当）原因	4. 退職等（平成　年　月　日退職等） 5. 死亡（平成　年　月　日死亡） 7. 75歳到達（健康保険のみ喪失） 9. 障害認定（健康保険のみ喪失）		
⑦ 備考	該当する項目を○で囲んでください。 1. 二以上事業所勤務者の喪失　3. その他 2. 退職後の継続再雇用者の喪失［　　］	保険証回収	添付 ＿＿ 枚 返不能 ＿＿ 枚
⑧ 70歳不該当	□ 70歳以上被用者不該当（退職日または死亡日を記入してください） 不該当年月日　7.平成　年　月　日		

被保険者4

① 被保険者整理番号		② 氏名	(ﾌﾘｶﾞﾅ) (氏)　(名)
③ 生年月日	5.昭和・7.平成　年　月　日		
④ 個人番号［基礎年金番号］		⑤ 喪失年月日	7.平成　年　月　日
⑥ 喪失（不該当）原因	4. 退職等（平成　年　月　日退職等） 5. 死亡（平成　年　月　日死亡） 7. 75歳到達（健康保険のみ喪失） 9. 障害認定（健康保険のみ喪失）		
⑦ 備考	該当する項目を○で囲んでください。 1. 二以上事業所勤務者の喪失　3. その他 2. 退職後の継続再雇用者の喪失［　　］	保険証回収	添付 ＿＿ 枚 返不能 ＿＿ 枚
⑧ 70歳不該当	□ 70歳以上被用者不該当（退職日または死亡日を記入してください） 不該当年月日　7.平成　年　月　日		

6　健康保険任意継続被保険者資格取得申出書

〔使う時期〕健康保険の被保険者資格を喪失するが継続して加入したいとき
〔記入の際の注意点〕被扶養者の認定もあらためて必要となる
〔提出時期〕資格喪失日（退職日の翌日）から20日以内
〔提 出 先〕全国健康保険協会または健康保険組合

【人事労務担当者は，ここに気をつけて！】

　任意継続被保険者は，全国健康保険協会の健康保険であれば，保険料の月額が28,000円前後です。**前年の収入から保険料が決まる国民健康保険**よりも，保険料が安く済む場合があります。このため，家計の負担を軽くする手段として，広く知られています。ただし，保険料を滞納するとすぐに資格喪失となるなど，厳しい面もあります。国民健康保険の保険料額の見込みは，本人が問い合わせれば教えてもらえます。

　なお，ここでは，全国健康保険協会の書式を紹介しています。健康保険組合の場合は，健康保険組合ごとに異なりますので，指定の書式を取り寄せて使ってください。

【社労士は，ここを確認して！】

　会社から退職の連絡が来る前に，退職者が保険者に，この申出書を提出することがあります。その場合は，保険者から問い合わせが来ますが，落ち着いて対応してください。

　社労士が申出書を預かって提出することもあります。ゴールデンウィークなど**大型連休**が近いときには，提出期限に特に注意してください。

　人事労務担当者から「今度退職する〇〇さんについて，任意継続申出の用紙がほしい」と連絡が来たときには，「**申出者情報**」の欄の「**記号・番号**」を記入してから渡しましょう。

　被扶養者については，この申出をする時点であらためて認定を受けます。20歳以上60歳未満の配偶者は，国民年金の第3号被保険者（保険料の個人負担なし）から，**国民年金第1号被保険者（保険料の個人負担あり）**になります。人事労務担当者には，そのことも伝えておきましょう。

第2章　退職したときの手続

健康保険 任意継続被保険者 資格取得 申出書（申出者記入用）【取】

記入方法および添付書類等については、「健康保険 任意継続被保険者 資格取得 申出書 記入の手引き」をご確認ください。
申出書は、楷書で枠内に丁寧にご記入ください。　記入見本　0 1 2 3 4 5 6 7 8 9 ア イ ウ

申出者情報

- 勤務していた時に使用していた被保険者証の発行都道府県：埼玉 支部
- 勤務していた時に使用していた被保険者証の
  - 記号：× × × × × ×
  - 番号：　　　　　5
  - 生年月日：☑昭和 □平成　41 05 21
- 氏名・印（フリガナ）ウラワ ジロウ　浦和 次郎　㊞（浦和）
  - 自署の場合は押印を省略できます。
  - 性別：☑男 □女
- 住所：〒350-××××　埼玉（都道府県）川越市○○町 5-×-×
- 電話番号（日中の連絡先）：TEL 049（×××）××××
- 勤務していた事業所の
  - 名称：SK商事 株式会社
  - 所在地：川越市△△町 3-×-×
- 資格喪失年月日（退職日の翌日）：平成 30年 6月 11日
- 保険料の納付方法：[1]　1.口座振替（毎月納付のみ）　2.毎月納付　3.6か月前納　4.12か月前納
  - 「口座振替」を希望される方は、別途「口座振替依頼書」の提出が必要です。

健康保険 被扶養者届【資格取得時】

- 任意継続被保険者の資格取得時に、被扶養者となられる方についてご記入ください。
- 資格取得日の翌日以降に被扶養者となられる方は、別途「被扶養者（異動）届」をご提出ください。

必要な添付書類については、「健康保険 任意継続被保険者 資格取得申出書 記入の手引き」をご確認ください。

氏名	生年月日	性別	続柄	職業	年間収入	同居別居の別
（フリガナ）ウラワ カオル　（氏）浦和　（名）薫	□昭和 ☑平成 15年 8月 1日	□男 ☑女	子　マイナンバー ×××××××××××	中学生	0万円	☑同居 □別居
（フリガナ）ウラワ イズミ　（氏）浦和　（名）泉	□昭和 ☑平成 15年 8月 1日	□男 ☑女	子　×××××××××××	中学生	0万円	☑同居 □別居
（フリガナ）ウラワ アサミ　（氏）浦和　（名）朝美	□昭和 ☑平成 21年 8月 15日	□男 ☑女	子　×××××××××××	小学生	0万円	☑同居 □別居
（フリガナ）　（氏）　（名）	□昭和 □平成　年 月 日	□男 □女			万円	□同居 □別居

配偶者が申出者の扶養とならないときは、その配偶者の年間収入をご記入ください。　　万円

- 被保険者のマイナンバー記載欄（被保険者証の記号番号を記入した場合は記入不要です）▶ ☐☐☐☐☐☐☐☐☐☐☐☐
- 社会保険労務士の提出代行者名記載欄　㊞

様式番号：2 0 0 1 1 0

全国健康保険協会
協会けんぽ

(1/1)

7　雇用保険被保険者資格喪失届・氏名変更届

〔使う時期〕被保険者が退職したとき／週所定労働時間が20時間未満となったとき／被保険者とならない取締役となったとき　等
〔記入する際の注意点〕雇用保険は会社の印鑑を登録するので，別のものを使わないようにする
〔提出時期〕資格喪失は，事実があった日の翌日から起算して10日以内。氏名変更は，資格喪失・転勤・雇用継続給付等の手続の際に
〔提 出 先〕事業所の所在地を管轄する公共職業安定所（令和2年1月1日から，資格喪失届は年金事務所経由での提出が可能。氏名変更届は削除）

【人事労務担当者は，ここに気をつけて！】

　ここに載っている書式は，資格取得時に交付されたものを紛失したときに，代わりに使えるものです。資格取得時に，被保険者証や事業主控とともに交付されたもの（氏名，生年月日等が印字されたもの）があれば，それを使ってください。
　被保険者が退職するときは，離職票が必要かどうかを確認しましょう。また，退職の申出は，退職願のような"**あとに残る形**"にしておいてください。
　1週間の所定労働時間が20時間未満となったときは，新たな労働契約の内容を確認できる書類（労働条件通知書等）が必要です。この場合，給与計算では，**雇用保険料の控除がなくなります**ので，その点にも注意してください。

【社労士は，ここを確認して！】

　この書類は，記入する内容は少ないのですが，完成するまでに，時間がかかることがあります。4の「離職等年月日」が確定しない，退職の連絡は来たものの出勤簿での退職日確認ができない，退職理由がはっきりしない，などによります。焦らず慎重に，**事実を確認してください**。また，健康保険の被保険者証の回収に時間がかかっているときは，**とりあえず雇用保険だけでも資格喪失届を出しましょう**。
　資格喪失届は，労働保険事務組合に委託している場合は，資格取得届と同様に，事務組合が提出します。ただし，各都道府県の「SRセンター」（事務組合）を利用している場合は，押印済の用紙をもらって社労士が出すこともあります。

第2章 退職したときの手続

様式第4号　（移行処理用）　**雇用保険被保険者　資格喪失届／氏名変更届**

標準字体：0123456789
（必ず第2面の注意事項を読んでから記載してください。）

※帳票種別　1 2 1 9 1
- 0 氏名変更届
- 1 資格喪失届

1. 被保険者番号：10××-××××××-9
2. 事業所番号：11××-×××××-×
3. 資格取得年月日：4-100701（元号 4 平成）
4. 離職等年月日：4-300610
5. 喪失原因：2
   1. 離職以外の理由
   2. 3以外の離職
   3. 事業主の都合による離職
6. 離職票交付希望：1（1 有 / 2 無）
※7. 喪失時被保険者種類：（3 季節）
8. 新氏名／フリガナ（カタカナ）
9. 補充採用予定の有無：1（空白 無 / 有）

10. （フリガナ）被保険者氏名：ウラワ ジロウ　浦和 次郎
11. 性別：男
12. 生年月日：昭和 41年 5月 21日
13. 被保険者の住所又は居所：川越市○○町 5-×-×
14. 事業所名称：SK商事株式会社
15. 氏名変更年月日：平成　年　月　日
16. 被保険者でなくなったことの原因：一身上の都合による退職
17. 1週間の所定労働時間：（40）時間（00）分

雇用保険法施行規則第7条第1項・第14条第1項の規定により、上記のとおり届けます。

平成 30年 6月 18日

住所　さいたま市××区○○町 5-×-×
事業主　氏名　労働保険事務組合○○共栄会
　　　　会長　桐野 安雄
電話番号　048-×××-××××

記名押印又は署名（事務印／組合印）

公共職業安定所長　殿

備考：国籍・地域／在留資格／在留期間（西暦　年　月　日　まで）
派遣・請負労働者として主として14以外の事業所で就労していた場合

確認通知年月日：平成　年　月　日

2013.3

8　雇用保険被保険者離職証明書

〔使う時期〕被保険者が退職したとき
〔記入の際の注意点〕賃金支払基礎日数11日以上の期間が，必要な数だけあるかどうかを確かめる
〔提出時期〕被保険者資格喪失届と同時，または後日に離職票交付を希望する連絡があったとき
〔提 出 先〕事業所の所在地を管轄する公共職業安定所

【人事労務担当者は，ここに気をつけて！】

　この書類は3枚一組で，事業主印を押すのは2枚目です。また，2枚目には，会社が書いた離職理由について，退職者が「異議あり・なし」を答える欄があります。離職理由は**事実を記入し，何か問題が生じている場合は，一人で急いで進まないようにしましょう**。

　さて，この書類の3枚目が「離職票」で，失業した人は，離職票を持って雇用保険の受給手続に行きます。受給手続は，住所地を管轄する公共職業安定所で行います。65歳未満の人は「基本手当」を，65歳以上の人は「高年齢求職者給付金」を受給します。

　基本手当を受給するには，**賃金支払基礎日数が11日以上**の期間が，直近2年間に通算12か月以上（解雇等の場合は直近1年間に通算6か月以上）あることが必要です。この要件を見る期間は，離職日から1か月ずつ，過去にさかのぼっていきます。

　日給制，時給制，出来高払制の人が，**出勤日数が11日を下回る状態が続いている場合**には，雇用保険料の控除を続けていても，基本手当等を受給できない可能性があります。必要に応じて，従業員と，働き方の相談をしてください。

　なお，病気，けが，出産，育児などのために**引き続き30日以上賃金の支払を受けられなかった場合**は，その日数分だけ過去に延長して支給要件を見ることができます（原則と延長分をあわせて最大4年まで）。

　また，失業期間中に，病気，けが，出産，育児などのために引き続き30日以上，職業に就くことができない人もいます。このような場合は，**受給期間の延長**（最

大4年まで）の措置を受けることができます。

【社労士は，ここを確認して！】

　社労士が離職票を作成するときは，会社に，必要な期間の賃金台帳と出勤簿を揃えてもらい，それを見ながら書いていきます。離職証明書の右半分は人事労務担当者と退職者によって完成しますので，ここでは左半分についての注意点をあげます。

　まず，退職者が，最近1年間（解雇等の場合は6か月間）のうちに，産前産後休業，育児休業，労災による休業，私傷病による休業等をしているかどうかを確認しましょう。引き続き30日以上休業していると，その分だけ記入する期間が長くなります。

　次に，賃金形態を確認してください。**日給制，時給制，出来高払制の場合は，出勤日数に注意が必要です。**離職証明書に記入する期間のうち，「賃金支払対象期間」（⑩欄）は賃金の締切日に従って書けばよいのですが，一番左の欄（⑧欄）は，離職日によって異なります。たとえば，20日締切の事業所を6月10日付けで退職した人については，⑧欄は上から順に，次のようになります。

　5月11日〜離職日，4月11日〜5月10日，3月11日〜4月10日，2月11日〜3月10日，1月11日〜2月10日（以下略）。

　記入例は月給制ですが，時給制だとしたら，4月11日〜5月10日について記入するには，何月分の出勤簿を見ればよいでしょうか。4月分と5月分ですね。3月11日〜4月10日については，3月分と4月分です。数え間違いのないように，出勤簿のコピーをとり，**コピーに書き込みながら作業を進めてください。**

　賃金台帳には年次有給休暇の日数が表示されているものの，出勤簿ではどの日が年次有給休暇なのかがわからないこともあります。賃金台帳にしても，**臨時の手当なのかどうかがわからない手当が支給されている**ことがあります。臨時に支払われるものは，給付の基礎となる賃金に算入されません。このように，離職証明書は，賃金台帳と出勤簿を見ていくうちに，数々の疑問が生じることが少なくありません。**疑問点はそのままにせず，会社に問い合わせてください。**

　なお，これは人それぞれですが，**普段から会社の賃金台帳を見る体制を整えておくと，**賃金の内容がわかり，手続を進めやすくなります。

雇用保険被保険者離職証明書（事業主控）

① 被保険者番号	10XX-XXXXXX-9	③ フリガナ 離職者氏名	ウラワ ジロウ 浦和 次郎	④ 離職年月日	平成 30 年 6 月 10 日
② 事業所番号	11XX-XXXXXX-X				

⑤ 名称	SK商事株式会社	⑥ 離職者の住所又は居所	〒350-XXXX 川越市〇〇町5-X-X
事業所所在地	川越市△△町3-X-X		
電話番号	049-XXX-XXXX	電話番号	(049) XXX-XXXX

事業主	住所 さいたま市XX区〇〇町5-X-X 労働保険事務組合〇〇共栄会 氏名 会長 桐野 安雄	※離職票交付 平成 年 月 日 (交付番号 番)

離職の日以前の賃金支払状況等

⑧ 被保険者期間算定対象期間		⑨ ⑧の期間における賃金支払基礎日数	⑩ 賃金支払対象期間	⑪ ⑩の基礎日数	⑫ 賃金額			⑬ 備考
Ⓐ 一般被保険者等 離職日の翌日 6月11日	Ⓑ 短期雇用特例被保険者 離職月				Ⓐ	Ⓑ	計	
5月11日～離職日		31日	5月21日～離職日	21日	未計算			
4月11日～5月10日		30日	4月21日～5月20日	30日	481,553			
3月11日～4月10日		31日	3月21日～4月20日	31日	425,800			
2月11日～3月10日		28日	2月21日～3月20日	28日	483,633			
1月11日～2月10日		31日	1月21日～2月20日	31日	487,811			
12月11日～1月10日		31日	12月21日～1月20日	31日	476,543			
11月11日～12月10日		30日	11月21日～12月20日	30日	493,525			
10月11日～11月10日		31日	10月21日～11月20日	31日	489,737			
9月11日～10月10日		30日	9月21日～10月20日	30日	475,936			
8月11日～9月10日		31日	8月21日～9月20日	31日	479,131			
7月11日～8月10日		31日	7月21日～8月20日	31日	481,990			
6月11日～7月10日		30日	6月21日～7月20日	30日	477,835			
月 日～ 月 日			月 日～ 月 日					

⑭ 賃金に関する特記事項

事業主は、公共職業安定所からこの離職証明書（事業主控）の返付を受けたときは、これを4年間保管し、関係職員の要求があったときは提示すること。
本手続きは電子申請による申請も可能です。本手続きについて、電子申請により行う場合には、被保険者が離職証明書の内容について確認したことを証明することができるものを本離職証明書の提出と併せて送信することをもって、当該被保険者の電子署名に代えることができます。また、本手続きについて社会保険労務士が電子申請による本届書の提出に関する手続を事業主に代わって行う場合には、当該社会保険労務士が当該事業主の提出代行者であることを証明することができるものを本届書の提出と併せて送信することをもって、当該事業主の電子署名に代えることができます。

社会保険労務士記載欄	作成年月日・提出代行者・事務代理者の表示	氏 名	電話番号
		㊞	

第2章　退職したときの手続

(安定所提出用)

⑦離職理由欄…事業主の方は、離職者の主たる離職理由が該当する理由を1つ選択し、左の事業主記入欄の□の中に○印を記入の上、下の具体的事情記載欄に具体的事情を記載してください。

【離職理由は所定給付日数・給付制限の有無に影響を与える場合があり、適正に記載してください。】

事業主記入欄	離　職　理　由	※離職区分
	1　事業所の倒産等によるもの	
□	(1) 倒産手続開始、手形取引停止による離職	1 A
□	(2) 事業所の廃止又は事業活動停止後事業再開の見込みがないため離職	1 B
	2　定年によるもの	
□	定年による離職（定年　　歳）	2 A
	定年後の継続雇用 ┃を希望していた（以下のaからcまでのいずれかを1つ選択してください）┃を希望していなかった	
	a　就業規則に定める解雇事由又は退職事由（年齢に係るものを除く。以下同じ。）に該当したため（解雇事由以外退職事由と同一の事由として就業規則又は労使協定に定める「継続雇用しないことができる事由」に該当して離職した場合も含む。）	2 B
	b　平成25年3月31日以前に労使協定により定めた継続雇用制度の対象となる高年齢者に係る基準に該当しなかったため	2 C
	c　その他（具体的理由：　　　　　　　　　　　　　　　　　　　　　）	
	3　労働契約期間満了等によるもの	
□	(1) 採用又は定年後の再雇用時等にあらかじめ定められた雇用期限到来による離職	2 D
□	(2) 労働契約期間満了による離職	2 E
	①　下記②以外の労働者	
	（1回の契約期間　　箇月、通算契約期間　　箇月、契約更新回数　　回）	3 A
	（契約を更新又は延長することの確約・合意の　有・無　（更新又は延長しない旨の明示の　有・無））	
	（直前の契約更新時に雇止め通知の　有　・　無　）	3 B
	労働者から契約の更新又は延長 ┃を希望する旨の申出があった┃を希望しない旨の申出があった┃の希望に関する申出はなかった	3 C
	②　一般労働者派遣事業に雇用される派遣労働者のうち常時雇用される労働者以外の者	
	（1回の契約期間　　箇月、通算契約期間　　箇月、契約更新回数　　回）	3 D
	（契約を更新又は延長することの確約・合意の　有・無　（更新又は延長しない旨の明示の　有・無））	
	労働者から契約の更新又は延長 ┃を希望する旨の申出があった┃を希望しない旨の申出があった┃の希望に関する申出はなかった	4 D
	a　労働者が適用基準に該当する派遣就業の指示を拒否したことによる場合	
	b　事業主が適用基準に該当する派遣就業の指示を行わなかったことによる場合（指示した派遣就業が取りやめになったことによる場合を含む。）	5 E
	（aに該当する場合は、更に下記の5のうち、該当する主たる離職理由を更に1つ選択し、○印を記入してください。該当するものがない場合は下記の6に○印を記入した上、具体的な理由を記載してください。）	
□	(3) 早期退職優遇制度、選択定年制度等により離職	
□	(4) 移籍出向	
	4　事業主からの働きかけによるもの	
□	(1) 解雇（重責解雇を除く。）	
□	(2) 重責解雇（労働者の責めに帰すべき重大な理由による解雇）	
	(3) 希望退職の募集又は退職勧奨	
□	①　事業の縮小又は一部休廃止に伴う人員整理を行うためのもの	
□	②　その他（理由を具体的に　　　　　　　　　　　　　　　　　）	
	5　労働者の判断によるもの	
	(1) 職場における事情による離職	
□	①　労働条件に係る問題（賃金低下、賃金遅配、時間外労働、採用条件との相違等）があったと労働者が判断したため	
□	②　就業環境に係る重大な問題（故意の排斥、嫌がらせ等）があったと労働者が判断したため	
□	③　事業主での大規模な人員整理があったことを考慮した離職	
□	④　職種転換等に適応することが困難であったため（教育訓練の有・無）	
□	⑤　事業所移転により通勤困難となった（なる）ため（旧(新)所在地：　　　　　　　）	
□	⑥　その他（理由を具体的に　　　　　　　　　　　　　　　　　）	
☑	(2) 労働者の個人的な事情による離職（一身上の都合、転職希望等）	
□	6　その他（1～5のいずれにも該当しない場合）（理由を具体的に　　　　　　　　　　　　　　　　　）	

具体的事情記載欄（事業主用）　一身上の都合による　退職

⑮離職者本人の判断（○で囲むこと）
事業主が○を付けた離職理由に異議　有り・無し　㊞(浦和)
記名押印又は自筆による署名（楷書氏名）　浦和　次郎

《退職に関するQ&A》

● 退職して国民健康保険に切り替える人には，何を渡せばよいですか。

　一番早いのは,「健康保険・厚生年金保険資格取得（喪失）連絡票」です。事業主印で，作成することができます。市町村の窓口では離職票を例にあげることが多いのですが，離職票は賃金支払日等の関係で，すぐには交付できない場合があります。

● 賃金締切日が月末で，10月31日に退職する人がいますが，賃金支払日は翌月25日です。離職票の交付は，賃金支払日以降になるのでしょうか。

　賃金締切日まで在籍の場合は，その日までの賃金を記入する必要があります。賃金締切日と賃金支払日の間が長い場合は，退職者の賃金だけを先に計算し，離職票交付の手続を進めるのがよいでしょう。

● 離職票は，1週間しか在籍しなかった人についても必要ですか。

　離職票は，離職日に59歳以上の人については，必ず交付することとされています。また，59歳未満の人については，希望があれば交付しなければなりません。「うちの在籍期間だけでは，受給資格がないはずなのに」と思っても，希望があれば交付してください。

● 退職時には「離職票はいらない」と言っていた人が，後日，交付希望の連絡をしてきました。交付しなければなりませんか。

　離職票の交付について，いつまでに請求しなければならないという期限はありません。受給期限という意味では，原則として「離職日の翌日から1年」という区切りがありますが，たとえその期限がせまっていても，離職票の交付はしておきましょう。

● 離職証明書の記入の途中で間違えてしまいました。訂正できますか。

　2枚目（安定所控え）に事業主印の捨印を押しておけば，訂正できます。間違えた欄の空いているところに，正しいことを丁寧に記入しましょう。間違えたこ

とを公共職業安定所に伝えると,「○字削除○字挿入」と書いてくれます。
　ほかの書類もそうですが,できるだけ余白を残して記入する習慣をつけると,間違えたときにも,あわてずに済むでしょう。

● 従業員の退職にあたり,給与計算では,どのような点に注意が必要ですか。
　支給の面では,たとえば月給者であれば,最後の月は日割り計算になることが多いでしょう。人によって計算方法を変えると,煩雑になりますし,不公平感も出てしまいます。就業規則に基づいて,いつでも,誰にでも説明できる計算をしてください。常時10人未満の事業所では,就業規則の作成・届出義務はありませんが,日割り計算の方法など最低限のことは,就業規則に準じた文書として定めておきましょう。
　給与計算の,控除の面では,雇用保険料は最後の月まで必要です。健康保険・介護保険・厚生年金保険は,最後の月は不要となることがあります。

〔月末締め・翌月10日払いの場合〕
　・7月30日退職 ⇒ 8月10日支払の給与計算では,雇用保険料のみ控除する。
　・7月31日退職 ⇒ 8月10日支払の給与計算では,健康保険料・介護保険料・厚生年金保険料・雇用保険料を控除する。

〔20日締め・当月25日払いの場合〕
　・6月29日退職 ⇒ 7月25日支払の給与計算(6／21～6／29の分)では,雇用保険料のみ控除する。
　・7月5日退職 ⇒ 7月25日支払の給与計算(6／21～7／5の分)では,健康保険料・介護保険料・厚生年金保険料・雇用保険料を控除する。

● 給与計算で控除している住民税に残りがあるときは,どうしたらよいですか。
　市町村から送付されている,住民税の特別徴収関係の書類の中に,「異動届」があります。これを提出してください。
　最後の給与計算では,1月1日以降の退職なら,残りをまとめて控除します。

【マイナンバーの重要ポイント①　どんな書類に記入するのか】

　平成27年にマイナンバー制度が始まり，労働保険・社会保険関係の書類にも，マイナンバーを記入する機会が増えてきました。本書では，このページと，第3章の最終ページ，第4章の最終ページを利用して，これだけは知っておきたいポイントをまとめています。

＜雇用保険＞
　資格取得・喪失届，雇用継続給付の支給申請書（初回）に，マイナンバーを記入することとされています。記入がないと，返戻されてしまいます。人事労務担当者や社労士は，マイナンバーを日常的に取り扱う立場になったのです。
　すでにマイナンバーを届け出ている人については，欄外等に「マイナンバー届出済」と書けば省略できます。

＜健康保険＞
　健康保険には，健康保険組合が運営しているものと，以前の政府管掌健康保険を引き継ぎ全国健康保険協会が運営しているものとがあります。前者の場合は，被保険者資格取得届などに，**必ずマイナンバーを記入する**こととされています。

＜国民年金＞
　老齢基礎年金には税金がかかるため，請求書の中の「扶養親族等申告書」に，マイナンバーを記入する欄があります。年金相談が多い社労士は，マイナンバーを取り扱う機会が多くなるでしょう。

＜厚生年金保険＞
　厚生年金保険の被保険者の資格取得は，全国健康保険協会の健康保険と同時に行うのが基本です。平成30年3月から書類の形が大幅に変更され，「基礎年金番号またはマイナンバー」を記入する欄が設けられました。また，老齢厚生年金は税金がかかるため，請求書の中の「扶養親族等申告書」に，マイナンバーを記入しなくてはなりません。

〇http://www.nenkin.go.jp/faq/seidozenpan/mynumber/mynumber/index.html
　日本年金機構「年金Q&A（マイナンバー）」

第3章

変更・紛失等の場合の手続

9 健康保険 厚生年金保険 被保険者氏名変更（訂正）届

〔使う時期〕マイナンバーがない被保険者の氏名が変わったとき
〔記入する際の注意点〕フリガナを正確に
〔提出時期〕健康保険は「遅滞なく」，厚生年金保険は「速やかに」
〔提 出 先〕年金事務所（事務センター郵送も可），健康保険組合

【人事労務担当者は，ここに気をつけて！】

　平成30年3月から，マイナンバーの利用により確認できる人については，自動的に氏名変更が行われ，新氏名の健康保険証が会社に送付されるようになりました。年金記録の氏名変更も，同時に，自動的に行われます。
　海外在住者，短期在留外国人については，マイナンバーがないため，引き続き氏名変更届が必要となります。
　氏名変更には，結婚，離婚，養子縁組など，いくつかの理由が考えられます。この書類には理由を書く必要はありませんが，次の点も気にとめておきましょう。

・住所の変更を伴うかどうか。通勤手当の変更もあり得る。
・生活基盤に影響を及ぼす出来事が背景にあるなら，**働き方が変わる可能性**もある。
・氏名変更を，**周囲に知られたくない**人もいる。

　なお，賃金台帳や出勤簿の氏名は，通常はすぐに変更されますが，もう1つ重要な書類として，労働者名簿があります。労働者名簿には，新しい氏名とともに，前のものも書いておくと，後々わかりやすいでしょう。

【社労士は，ここを確認して！】

　社労士事務所内の資料においても，**新しい氏名と前の氏名がわかるようにしておきましょう**。事業所との連絡がスムーズになるだけでなく，労働基準監督署等の調査で尋ねられたときにも答えやすくなります。
　社労士が被保険者の氏名等を管理するには，全国社会保険労務士会連合会が作成している「被保険者台帳」が便利です。**氏名変更届はコピーを保管**することや，書類の提出等の**発信の記録を管理**することも大切です。

第3章 変更・紛失等の場合の手続

健 康 保 険　被保険者氏名変更（訂正）届
厚生年金保険

10　健康保険　厚生年金保険　被保険者住所変更届

〔使う時期〕厚生年金保険の被保険者の住所が変わったとき
〔記入する際の注意点〕国民年金第3号被保険者も同時に住所変更手続をする
〔提出時期〕速やかに
〔提 出 先〕年金事務所（事務センター郵送も可），健康保険組合

【人事労務担当者は，ここに気をつけて！】

　平成30年3月以降，マイナンバーにより確認できる人については，住所変更届は原則不要となりました。しかし，住民票の住所以外の居所を登録する人や，健康保険組合の被保険者，マイナンバーがない海外在住者，短期在留外国人については，引き続き，住所変更届が必要です。

　20歳以上60歳未満の配偶者が健康保険の被扶養者になっているときは，「被扶養配偶者の住所変更欄」も記入してください。これは，**国民年金第3号被保険者の住所変更**を届け出るためです。

　住所変更に伴い，**通勤手当の変更**も生じることがあります。家族構成の変更を伴う場合は，**家族手当の変更**や，**所得税法上の扶養親族数の変更**も考えられます。このような，給与計算時の変更にも注意してください。

　労働者名簿には，新住所と前の住所，それに変更年月日を書いておきましょう。

【社労士は，ここを確認して！】

　この用紙は2枚組ですが，控えとして返されるものはありません。被保険者の住所変更のみの場合は1枚目のみ提出し，20歳以上60歳未満の被扶養配偶者があれば2枚目も提出します。後者の場合は，2枚目もコピーをとっておきましょう。

　ほかに，社労士事務所内の管理としては，**新しい住所だけでなく，前の住所と変更年月日も記録**してください。

　なお，賃金台帳を毎月見ることにしている場合で，「**通勤手当が変わったのに，住所変更の連絡が来ていない**」ときは，問い合わせてみましょう。

　それから，月の途中から通勤手当等の変更があった場合は，標準報酬月額の改定は，その月ではなく翌月からの3か月間を用います。このようなことも，細かく管理しましょう。

第3章 変更・紛失等の場合の手続

健康保険 厚生年金保険 被保険者住所変更届

11　健康保険被保険者証再交付申請書

〔使う時期〕被保険者証を紛失したとき／汚したとき
〔記入の際の注意点〕被扶養者は，再交付が必要な人についてのみ記入する
〔提出時期〕遅滞なく
〔提 出 先〕全国健康保険協会または健康保険組合

【人事労務担当者は，ここに気をつけて！】

　健康保険の被保険者証をなくしたことに気づくのは，どのようなときでしょうか。特に多いのは，①病院に行こうと思ったとき，②財布等を落としたり盗まれたりしたときでしょう。②については，本人が警察に届ける際に，健康保険の被保険者証が入っていたことも伝えておくようにしましょう。
　なお，70歳以上の人に交付されている「高齢受給者証」も，紛失した場合は再交付することができます。

【社労士は，ここを確認して！】

　健康保険の被保険者証を紛失した（ことに気づいた）人は，すぐに病院に行きたいときが多いものです。そこで，再交付申請とあわせて，**被保険者資格証明書の交付申請**も進めましょう。被保険者証の再交付は健康保険の保険者に，被保険者資格証明書の交付は年金事務所または事務センターに申請します。
　また，後日，「なくしたと思っていた被保険者証が見つかった」と連絡が入ることがあります。この場合は，古いものを預かり，保険者に返しておきましょう。
〇https://www.kyoukaikenpo.or.jp/g3/cat315/sb3120/r144　　全国健康保険
　　協会「保険証をなくしたとき」

第3章　変更・紛失等の場合の手続

健康保険 被保険者証 再交付申請書

記入方法および添付書類等については、「健康保険 被保険者証 再交付申請書 記入の手引き」をご確認ください。
申請書は、楷書で枠内に丁寧にご記入ください。

記入見本　0 1 2 3 4 5 6 7 8 9 ア イ ウ

被保険者情報

被保険者証の（左づめ）	記号 XXXXXXX	番号 1	生年月日 ☑昭和 □平成 42年03月03日

氏名・印　（フリガナ）オオミヤ　タロウ　　大宮　太郎　　㊞大宮
自署の場合は押印を省略できます。

住所　〒350-0851　埼玉（都道府県）　川越市氷川町1XX-X

電話番号（日中の連絡先）　TEL 049（xxx）xxxx

再交付が必要な方

チェック欄	再交付が必要な方の氏名	生年月日	性別	再交付の理由
☑	被保険者（本人）分			☑滅失 □き損 □その他
	被扶養者の被保険者証が必要な場合（氏名を記入）	□昭和 □平成 年 月 日	□男 □女	□滅失 □き損 □その他
		□昭和 □平成 年 月 日	□男 □女	□滅失 □き損 □その他
		□昭和 □平成 年 月 日	□男 □女	□滅失 □き損 □その他
		□昭和 □平成 年 月 日	□男 □女	□滅失 □き損 □その他

備考　盗難にあったため

上記のとおり被保険者証の再交付について、申請します。　　平成 30 年 8 月 20 日

事業主欄

上記のとおり被保険者から再交付の申請がありましたので届出いたします。

事業所所在地　〒350-XXXX
事業所名称　川越市△△町3-X-X
事業主氏名　SK商事 株式会社　代表取締役 大宮太郎　㊞事業主印
電話　049（xxx）xxxx

・任意継続被保険者の方は事業主欄の記入は不要です。
・事業主の自署の場合は押印を省略できます。

被保険者のマイナンバー記載欄
（被保険者証の記号番号を記入した場合は記入不要です）
マイナンバーを記入した場合は、必ず本人確認書類を添付してください。

社会保険労務士の提出代行者名記載欄　㊞

様式番号　2 1 1 1 1 6

協会使用欄　1

受付日付印　(29.7)

全国健康保険協会　協会けんぽ

(1/1)

12　年金手帳再交付申請書

〔使う時期〕年金手帳を紛失したとき，氏名変更が届出によらず自動的に行われたとき等
〔記入の際の注意点〕わかる範囲で記入する
〔提　出　先〕年金事務所（事務センター郵送も可）

【人事労務担当者は，ここに気をつけて！】

　この申請書の特色は，「最初に被保険者として使用されていた事業所の名称」やその事業所での「取得年月日」を書く欄があることです。これは，履歴書等でわかる場合があります。

　在職中の人については，「現に被保険者として使用されている事業所」の欄を記入します。

　年金上の氏名変更が，届出によらずに自動的に行われたときは，この申請書を提出すれば，**新しい氏名の年金手帳**が交付されます。

【社労士は，ここを確認して！】

　基礎年金番号を記入する欄があります。「基礎年金番号かどうかわからない番号しかない」場合には，提出時にその旨を伝えましょう。**わかっていることだけでも書いて，あとは提出先と相談する**のが，書類を進めるコツです。

　なお，年金手帳は，**雇用保険被保険者証とともに保管している**ことが多いようです。同時に雇用保険被保険者証も紛失した場合には，そちらの再交付申請も行ってください。

〇http://www.nenkin.go.jp/service/kokunen/kanyu/ 20150326.html　　日本年金機構「年金手帳を紛失又はき損したとき」

第3章　変更・紛失等の場合の手続

年金手帳再交付申請書

平成 30 年 9 月 26 日提出

事業所情報
- 事業所所在地：〒350-XXXX　川越市△△町3-X-X
- 事業所名称：SK商事株式会社
- 事業主氏名：代表取締役　大宮太郎 ㊞（事業主印）
- 電話番号：049(XXX)XXXX

厚生年金保険もしくは船員保険に現在加入していて、お勤め先からの届出を希望される方は、左の欄に証明をもらってください。

受付印

社会保険労務士記載欄
氏名等　　　　　　　　　　㊞

申請対象の被保険者について記入してください。
基礎年金番号（10桁）で届出する場合は「①個人番号（または基礎年金番号）」欄に左詰めで記入してください。

A. 被保険者

①個人番号（または基礎年金番号）	2XXX XXXX	②生年月日	⑤昭和 7.平成	42年 02月 27日
③氏名	（フリガナ）オオミヤ　シオリ　大宮　紫織 ㊞		④性別	1.男性 ②女性
⑤郵便番号	350-0851	⑥電話番号	1.自宅 3.勤務先 2.携帯電話 4.その他	049-XXX-XXXX
⑦住所	川越市氷川町1XX-X			

申請内容について記入してください。

B. 申請内容

⑧申請事由	①紛失　2.破損（汚れ）　9.その他		
現に加入している（または最後に加入していた）制度の名称及び取得・喪失年月日	⑨制度の名称	1.国民年金 ②厚生年金保険 3.船員保険 4.共済組合	取得年月日　10年 7月 1日 喪失年月日　　年　月　日

「⑨制度の名称」欄が国民年金または共済組合の方は、以下の記入は不要です。

最初に被保険者として使用されていた事業所の名称、所在地（または船舶所有者の氏名、住所）及び取得年月日	名称（氏名）	
	所在地（住所）	
	取得年月日	年　月　日
現に被保険者として使用されている（または最後に被保険者として使用された）事業所の名称、所在地（または船舶所有者の氏名、住所）	名称（氏名）	SK商事株式会社
	所在地（住所）	川越市△△町3-X-X

51

13 雇用保険被保険者証再交付申請書

〔使う時期〕雇用保険の被保険者証を紛失したとき
〔記入の際の注意点〕紛失等の理由を記入する
〔提 出 先〕公共職業安定所（事業所の所在地管轄または住所地管轄）

【人事労務担当者は，ここに気をつけて！】

　雇用保険の被保険者証は，年金手帳とセットで保管している人もいますし，会社で保管している場合もあります。健康保険の被保険者証や年金手帳に比べれば，日頃，思い出すことが少ない書類かもしれません。

　それが，従業員からある日突然，「急いで必要なんだ」と言われることがあります。その従業員が60代なら，おそらく年金の請求手続をするためでしょう。平成10年4月から，**老齢厚生年金と雇用保険の給付（基本手当，高年齢雇用継続給付）との調整**が行われているため，年金の請求書には雇用保険の番号を書くことになっているのです。

　年金を請求する年齢の人が多い会社では，この申請書を頻繁に使う可能性が高いので，気にとめておくとよいでしょう。

【社労士は，ここを確認して！】

　この書類も，社労士が代わりに提出することが可能です。途中から関わるようになった会社については，雇用保険等の記録が一部不明となっていることが，珍しくありません。再交付された被保険者証を事業所に渡すときは，**コピーをとっておく**のがよいでしょう。

　なお，一度も雇用保険の被保険者になったことがない人から，雇用保険被保険者証についての問い合わせが来ることもあります。人生のほとんどを社長として過ごした人などが該当します。その場合には，年金の請求書に，雇用保険の被保険者証を添付することができません。このような人のために，**"雇用保険の被保険者証を添えることができない旨の事由書"** が用意されています。事由書は，年金の支給開始年齢が近づくと送付される請求書に組み込まれていますが，年金事務所や街角の年金センターでも入手できます。

第3章　変更・紛失等の場合の手続

様式第8号

※	所長	次長	課長	係長	係

雇用保険被保険者証再交付申請書

<table>
<tr><td rowspan="4">申請者</td><td>1.</td><td>フリガナ</td><td colspan="2">サンジョウ　ユタカ</td><td>2.性別</td><td>①男
2女</td><td>3.生年月日</td><td colspan="2">大
㊵ 33 年 12 月 3 日
平</td></tr>
<tr><td></td><td>氏　名</td><td colspan="2">三条　豊</td><td></td><td></td><td></td><td colspan="2"></td></tr>
<tr><td>4.</td><td>住所又は居所</td><td colspan="4">富士見市鶴馬 3-x-x</td><td colspan="2">郵便番号
354 - xxxx</td></tr>
<tr><td colspan="9"></td></tr>
<tr><td rowspan="2">現に被保険者として雇用されている事業所</td><td>5.</td><td>名　称</td><td colspan="4">SK商事 株式会社</td><td colspan="2">電話番号
049-xxx-xxxx</td></tr>
<tr><td>6.</td><td>所在地</td><td colspan="4">川越市 △△町 3-x-x</td><td colspan="2">郵便番号
350 - xxxx</td></tr>
<tr><td rowspan="2">最後に被保険者として雇用されていた事業所</td><td>7.</td><td>名　称</td><td colspan="4"></td><td colspan="2">電話番号</td></tr>
<tr><td>8.</td><td>所在地</td><td colspan="4"></td><td colspan="2">郵便番号
-</td></tr>
<tr><td colspan="2">9.</td><td>取得年月日</td><td colspan="6">平成 10 年 7 月 1 日</td></tr>
<tr><td colspan="2">10.</td><td>被保険者番号</td><td colspan="5">1234 - 567890 - 1</td><td>※安定所確認印</td></tr>
<tr><td colspan="2">11.</td><td>被保険者証の滅失又は損傷の理由</td><td colspan="6">保管不備のため</td></tr>
</table>

雇用保険法施行規則第10条第3項の規定により上記のとおり雇用保険被保険者証の再交付を申請します。

平成 30 年 11 月 5 日

川越 公共職業安定所長　殿

申請者氏名　三条　豊　　記名押印又は署名 ㊞(三条)

※	再交付年月日	平成　年　月　日	※備考	

注意
1　被保険者証を損傷したことにより再交付の申請をする者は、この申請書に損傷した被保険者証を添えること。
2　1欄には、滅失又は損傷した被保険者証に記載されていたものと同一のものを明確に記載すること。
3　5欄及び6欄には、申請者が現に被保険者として雇用されている者である場合に、その雇用されている事業所の名称及び所在地をそれぞれ記載すること。
4　7欄及び8欄には、申請者が現に被保険者として雇用されている者でない場合に、最後に被保険者として雇用されていた事業所の名称及び所在地をそれぞれ記載すること。
5　9欄には、最後に被保険者となったことの原因となる事実のあった年月日を記載すること。
6　申請者氏名については、記名押印又は署名のいずれかにより記載すること。
7　※印欄には、記載しないこと。
8　なお、本手続は電子申請による届出も可能です。詳しくは公共職業安定所までお問い合わせください。

2011. 1

14　雇用保険適用事業所情報提供請求書

〔使う時期〕雇用保険の記録を調べたいとき
〔記入の際の注意点〕照会する範囲を明確にする。
〔提 出 先〕事業所の所在地を管轄する公共職業安定所

【社労士は，ここを確認して！】

　この書類は，会社が提出することは少ないので，社労士の注意点を書いておきます。ここでは，東京で使われている書式にそって説明します。

　たとえば，**新しい顧問先を獲得したとき**には，当初からの雇用保険の記録が，すべて整っているとは限りません。賃金台帳等を見て，雇用保険の被保険者の見当をつけようとしても，正確なことはわからないのです。

　この書類で「**事業所別被保険者台帳**」を請求すれば，**被保険者の氏名・生年月日・性別・被保険者番号等**がわかります。「**適用事業所台帳ヘッダー**」を選択すれば，**雇用保険の設置年月日**や**雇用保険上の事業所所在地**も判明します。

　「**事業所別被保険者台帳**」の「**照会区分**」は，「**取得中**」を指定すれば，在籍中の人だけになります。行政の調査が入っていたり，急に労働保険の年度更新を依頼されたりしたときには，1年，2年といった期間での記録が必要です。その場合は，「**全被保険者**」を指定したうえで，期間を相談するとよいでしょう。「事業所別被保険者台帳」を入手したら，賃金台帳等と照らし合わせて，現在の被保険者を確認しましょう。氏名はカタカナで登録されています。健康保険・厚生年金保険のフリガナと違うときは，どちらが正しいのか会社に問い合わせてください。

　また，**労働保険事務組合**は，労働保険の年度更新の時期が近づくと，事業所別被保険者台帳の写しを請求します。その内容を社労士事務所に知らせてくれることがありますので，**日頃把握している内容と一致しているかどうか**，丁寧に確認してください。

○ https://jsite.mhlw.go.jp/tokyo-hellowork/var/rev0/0129/6983/2017121993315.pdf　　東京労働局

第3章 変更・紛失等の場合の手続

雇用保険適用事業所情報提供請求書

事業所名	株式会社 白雲	事業所番号	1234-567890-0
事業所所在地	さいたま市 北区 △△町 6-×-×		

| 依頼する情報
（希望するものに○） | 1 適用事業所台帳ヘッダー1
※ 事業所所在地、設置年月日等適用事業所の基本的な情報を確認していただけます。

2 適用事業所台帳ヘッダー2
※ 適用事業所の過去からの月別の被保険者数の推移、各月末現在の被保険者数等を確認していただけます。（過去3年間）

③ 事業所別被保険者台帳
※ 適用事業所の全ての被保険者（過去に被保険者であった者を含めることも可能）ごとに氏名、被保険者資格の取得・喪失年月日等を確認していただけます。
(1) 照会区分　①取得中　②全被保険者（喪失済含む）　③喪失済
(2) 照会方法　①被保険者番号順　②五十音順　③取得（喪失）日順　④生年月日順
(3) 出力方法　①書面　②CD（CD-ROM、CD-R、CD-RW）　③DVD（DVD-ROM、DVD-R、DVD-RW他） |

上記のとおり、適用事業所情報の提供（　閲覧　・　写しの交付　）を請求します。

平成 30 年 7 月 1 日　　　　　　　　　　　　　　　　大宮　公共職業安定所長　殿

| 請求者 | （事業主又は労働保険事務組合）
所 在 地：〒331-××××
　　　　　　さいたま市 北区 △△町 6-×-×
名　　称：株式会社 白雲
代表者氏名：代表取締役 沖守
電話番号：048-×××-×××× | 事業主㊞ |

※ 代理人（社会保険労務士等）に請求を委任する場合には、以下にも記入してください。

下記の2の者を代理人として、下記1に規定する権限を委任します。

記

1 権 限
　適用事業所情報の提供を請求することについての一切の権限

2 代理人　〒330-××××
　（住所）　さいたま市 浦和区 △△町 1-×-×
　（氏名）　○○社会保険労務士事務所

（事業主）
所 在 地：〒331-××××
　　　　　さいたま市 北区 △△町 6-×-×
名　　称：株式会社 白雲
代表者氏名：代表取締役 沖守　　　　　　　事業主㊞

課長	係長	係

確認者	操作者

15　雇用保険関係各種届出等再作成・再交付申請書

〔使う時期〕事業所設置届の事業主控等を再交付したいとき
〔提 出 先〕事業所の所在地を管轄する公共職業安定所

【人事労務担当者は，ここに気をつけて！】

　使用頻度はそれほど高くないのですが，いざとなると非常に重要な書類です。事業所関係の手続の控等を再交付したいときに使います。

　キの「**事業所設置届事業主控**」は，最初に雇用保険の届出をしたときに交付されます。都道府県によっては，雇用保険の手続のたびに，これを持参しなければならないところもあります。

　イの「**資格喪失届，氏名変更届**」は，資格取得時に，被保険者の氏名等が印字された状態で交付されるものです。ただ，これは，別の用紙を代わりに使うことができます。

　エの「**離職票－1**」は，資格喪失届と引き換えに交付されるもので，資格喪失年月日等が印字されています。離職票が不要な場合の資格喪失については，「離職票－1」ではなく，ウの「**資格喪失確認通知書**」が交付されます。

　オの「**離職票－2**」は，離職証明書の3枚目で，賃金額が記入されています。

【社労士は，ここを確認して！】

　新しい顧問先を獲得したときに，その会社に聞いても，「事業所設置届」等の控が見当たらないことがあります。そうすると，**雇用保険上の事業所の所在地**を確定できず，手続が進みません。この申請書は，そのようなときに使いましょう。事業所が移転したことがある場合は，コの「**事業主事業所各種変更届事業主控**」も再交付の申請をしてください。

　なぜ，ここまでして確認する必要があるのでしょうか。会社によっては，本社，第1工場，第2工場など複数の事業所が存在します。このため，雇用保険の**書類に押す住所印**や，**提出先の公共職業安定所**を，確定しなければならないのです。

○http://tokyo-hellowork.jsite.mhlw.go.jp/library/tokyo-hellowork/top/pdf/
　　koyo100.pdf　　東京労働局

第3章 変更・紛失等の場合の手続

雇用保険関係各種届書等再作成・再交付申請書

被保険者番号			-			-			フリガナ 被保険者氏名	
事業所番号	1	2	3	4	-	5	6	7	8	9	0	-	0	事業所名	株式会社　白雲
生年月日	大・昭・平　　年　　月　　日								取得年月日	昭和平成　　年　　月　　日

1. 再作成届書等（該当箇所に○をつけてください。）

ア．	資格取得等確認、転勤届受理 氏名変更届受理　　　通知書	(キ)．	事業所設置届事業主控
イ．	資格喪失届、氏名変更届	ク．	事業所廃止届事業主控
ウ．	資格喪失確認通知書	ケ．	事業所非該当承認通知書
エ．	離職票－1	コ．	事業主事業所各種変更届事業主控
オ．	離職票－2	サ．	
カ．	六十歳到達時等賃金日額登録通知書	シ．	

2. 申請理由

　　　保管不備により紛失したため

上記について、申請します。
平成 30 年 7 月 1 日

事業主
　　所　在　地　〒331-xxxx
　　　　　　　　さいたま市北区△△町6-x-x
　　名　　　称　株式会社　白雲
　　代表者氏名　代表取締役　沖守　㊞（事業主印）
　　電話番号　　048-xxx-xxxx

（代表者氏名については、記名押印又は自筆による署名のいずれかにより記載すること。）

大宮 公共職業安定所長　殿

処理年月日		備　考	

所長	次長	課長	係長	係	操作者

(524)

16　雇用保険被保険者離職票記載内容補正願

〔使う時期〕離職票の記載内容が違うとき
〔記入の際の注意点〕確認資料を添付する
〔提 出 先〕事業所の所在地を管轄する公共職業安定所

【人事労務担当者は，ここに気をつけて！】

　離職票は次の流れを経て退職者が公共職業安定所に提出しますが，後になって，離職の原因が違うと判明する場合もあります。

① 　退職が決まる。**自己都合退職なら退職届があることが望ましい。**
② 　会社が離職証明書の右側に離職理由を記入する（3枚複写）。
③ 　退職者は，②について**異議があるかどうか**を，2枚目に記入する。
④ 　賃金など，他の欄の記入が済んだら，記入漏れ・押印漏れがないかどうかを念入りに確認する。
⑤ 　事業所の所在地を管轄する公共職業安定所に提出し，事業主控（1枚目）と離職票（3枚目）を受け取る。
⑥ 　離職票を退職者に交付する。
⑦ 　退職者は，住所地を管轄する公共職業安定所に行き，離職票を提出する。

　⑦で初めて，**退職者が「実は，会社をやめた理由は違うんです」と告げる**ことがあります。そうすると，公共職業安定所は会社または社労士に連絡をします。

【社労士は，ここを確認して！】

　公共職業安定所から「離職理由が違うそうです」と言われたときは，まず，あわてないことが大切です。たとえ「今，ここにご本人がいるんです」と言われても，すぐに答えが出ることではありません。公共職業安定所には，社労士としては連絡どおりに手続を進めていたことをしっかり伝え，そのうえで，人事労務担当者（できれば事業主）に事情を聞いてください。**退職者個人から社労士に連絡が来る**こともあるかもしれませんが，その場合も会社に確認しましょう。なお，離職年月日を後から訂正するときも，この書式を使います。

○http://tokyo-hellowork.jsite.mhlw.go.jp/library/tokyo-hellowork/top/pdf/
　koyo004.pdf　　東京労働局

第3章 変更・紛失等の場合の手続

雇用保険被保険者離職票記載内容補正願

被保険者番号	5 3 × × - × × × × × - ×	フリガナ	ロクジョウ ヤスヨ
		被保険者氏名	六條 安代
離職票発行年月日	平成 30 年 10 月 10 日	事業所番号	1 2 3 4 - 5 6 7 8 9 0 - 0
離職票交付番号	大宮 1××× 号	取得年月日	2 7 年 0 9 月 0 1 日

訂正欄	⑫ 欄 Ⓐ
訂正すべき内容	誤 7月1日〜7月31日の賃金 　　200,000円 正 同上 　　230,300円
訂正すべき理由	歩合給を算入していなかったため

〔訂正に係るデータ変更〕

変更項目	誤			正		
	年	月	日	年	月	日
取得年月日						
離職年月日						
喪失原因（その他）						

上記のとおり雇用保険被保険者離職票の記載内容について訂正していただきたくお願いします。

平成 30 年 10 月 19 日

事業主（離職者）
所在地　〒331-××××
　　　さいたま市北区△△町6-×-×
名称　株式会社 白雲
代表者氏名　代表取締役 沖守　㊞ 事業主印
電話番号　048-×××-××××

大宮 公共職業安定所長 殿

※公共職業安定所記載欄	（確認方法）	訂正事項の確認に際し事実を聴取した事業所関係者		データ送付	要 ・ 不要
	来所・訪問・電話	所属　　　　職名氏名 　　部　　　　課		処理年月日	
	確認資料名	賃金台帳　源泉徴収簿　労働者名簿　出勤簿（タイムカード） 辞令簿　解雇通知書　退職願　被保険者証　確認通知書　住民票 その他（　　　　　　　　　　　）			
	確認についての所見			受付日付印	

上記のとおり事実と相違ないことを確認したので補正します。

所 長	次 長	課 長	係 長	係	操作者

(529)

17　雇用保険被保険者台帳記録　訂正・統一・取消願

〔使う時期〕被保険者番号の統一等をするとき
〔記入する際の注意点〕訂正の根拠は書面で確認する
〔提 出 先〕事業所の所在地を管轄する公共職業安定所

【人事労務担当者は，ここに気をつけて！】

　雇用保険は，何も資料がないと新規取得となり新しい番号が振られますが，職歴がわかれば，そこから過去の記録を調べてもらえます。その人と一致する記録が見つかれば，同じ番号で資格取得をします。転職を繰り返している人でも，きちんと雇用保険の手続をしておけば，雇用保険上の記録はつながります。

　ただし，**生年月日が１日でも違っていたり，フリガナの濁点がなかったり（あったり）** と，何か違うところがあれば，一致しません。つまり，雇用保険の記録において，**別人扱いされてしまう**のです。たとえば，「ズ」と「ヅ」の違いでも，別人になります。

　この書式では，フリガナ・生年月日・性別等の訂正をすることができます。また，雇用保険の被保険者番号が２つある（被保険者証が２枚ある）場合に，１つに統一することができます。これにより，雇用保険に入っていた期間が通算され，加入年数の要件がある給付では被保険者に有利になります。

【社労士は，ここを確認して！】

　２つある被保険者番号を１つにまとめることを，「台帳の統一」といいます。

　以前は，資格取得届を提出すると，「同姓同名で生年月日も同じ人の記録があります。平成×年△月頃に，〇〇という会社にいたことがあるかどうか，ご本人に聞いてください」という連絡が来たものです。現在は，個人情報保護の観点から，このような確認ができなくなりました。

　番号の重複をできる限り避けるために，資格取得の際には，**職歴が記入された労働者名簿**を添付しましょう。

〇http://saitama-hellowork.jsite.mhlw.go.jp/var/rev0/0072/3552/201111141641
　　24.pdf　　埼玉労働局

第3章 変更・紛失等の場合の手続

雇用保険被保険者台帳記録 ㊥訂正・統一・取消 願

フリガナ	ハナダ ミヅキ	被保険者番号	5 0 × × - × × × × × - ×
被保険者氏名	花田 美月	取得年月日	30 年 6 月 1 日

<table>
<tr><th colspan="2"></th><th colspan="3">誤(旧)</th><th colspan="3">正(新)</th></tr>
<tr><td rowspan="8">訂正事項</td><td>フリガナ</td><td colspan="3">ハナダ ミヅキ</td><td colspan="3">ハナダ ミヅキ</td></tr>
<tr><td>被保険者氏名</td><td colspan="3"></td><td colspan="3"></td></tr>
<tr><td>生年月日</td><td>昭平</td><td>年 月</td><td>日</td><td>昭平</td><td>年 月</td><td>日</td></tr>
<tr><td>性別</td><td colspan="3">男 ・ 女</td><td colspan="3">男 ・ 女</td></tr>
<tr><td>取得年月日</td><td colspan="3">年 月 日</td><td colspan="3">年 月 日</td></tr>
<tr><td>離職等年月日</td><td colspan="3">年 月 日</td><td colspan="3">年 月 日</td></tr>
<tr><td>転勤年月日</td><td colspan="3">年 月 日</td><td colspan="3">年 月 日</td></tr>
<tr><td>その他</td><td colspan="3"></td><td colspan="3"></td></tr>
<tr><td colspan="2">(訂正理由)</td><td colspan="6">連絡の行き違いのため</td></tr>
<tr><td>統一事項</td><td>台帳統一</td><td colspan="3">- -</td><td colspan="3">- -</td></tr>
<tr><td>取消事項</td><td>資格取得
資格喪失
転勤</td><td colspan="6">(取消理由)</td></tr>
</table>

上記のとおり ㊥訂正・統一・取消 をお願いいたします。

平成 30 年 7 月 15 日

(事業主)
所在地 〒331-××××
さいたま市北区△△町 6-×-×
名称 株式会社 日雲
代表者名 代表取締役 沖守 ㊞ 事業主印

大宮 公共職業安定所長 殿

安定所記載欄	確認(添付)書類	労働者名簿・賃金台帳・出勤簿(タイムカード) 住民票・雇用契約書・異動辞令・被保険者証 各種届確認通知書・その他関係書類	所長	次長	課長	係長	係

18 雇用保険被保険者転勤届

〔使う時期〕同一法人内で転勤をしたとき
〔記入する際の注意点〕転勤日が労働者名簿等の添付書類と一致すること
〔提出時期〕事実のあった日の翌日から10日以内
〔提　出　先〕転勤後の事業所の所在地を管轄する公共職業安定所（令和2年1月1日から，年金事務所経由での提出が可能）

【人事労務担当者は，ここに気をつけて！】

　Aという法人が，B，Cなど複数の事業所を持っていることがあります。雇用保険は場所単位で管理され，場所ごとに事業所番号が振られます。このため，被保険者がどの事業所に属しているのか，雇用保険の記録上で明確にしておかなければなりません。たとえば，A法人の中で，山田さんという人が，B事業所からC事業所へ転勤したとしましょう。**退職して離職票を作るときには**，事業所番号を記入します。山田さんの離職票に記入するのは，C事業所の番号です。

　在職中でも，山田さんが**育児休業給付**などを受給する場合には，支給申請のたびに，事業所番号が印字された書類を使います。

　また，毎年行われる**労働保険料の申告**では，労災保険・雇用保険の対象者の賃金を集計し，これに基づいて保険料が計算されます。年度の途中で転勤した人については，転勤前の事業所で賃金の算入漏れがないように，注意が必要です。

【社労士は，ここを確認して！】

　転勤は，資格取得や資格喪失に比べると，地味な手続です。そのためか，従業員の転勤があっても，社労士に連絡が来ないことがあります。労働保険料の計算を委託されていればいずれはわかることですが，計算の前にわかっていれば，作業がスムーズになります。**毎月の賃金台帳**を見ていれば，「あれ？この人は転勤したのかな？」と気づいて，会社に問い合わせ，転勤から間もない時期に転勤届を提出することができます。

　なお，同一法人内に複数の事業所があっても，それぞれが独立の事業所として扱われない場合もあります。雇用保険の設置の際には，そのつど，公共職業安定所に相談してください。

第3章　変更・紛失等の場合の手続

様式第10号

雇用保険被保険者転勤届

帳票種別 12106

1. 被保険者番号 50xx-xxxxxx-x

2. 生年月日 4-021221 (2 大正 3 昭和 4 平成)

3. 被保険者氏名 花田 美月　**フリガナ（カタカナ）** ハナダ ミツキ

4. 資格取得年月日 4-300601 (3 昭和 4 平成)

5. 事業所番号 1234-567890-0

6. 転勤前の事業所番号 1234-567889-0

7. 転勤年月日 4-301101

8. 転勤前事業所名称・所在地 [株式会社 白雲 ○○通り支店]

9. 備考

（この用紙は、このまま機械で処理しますので、汚さないようにしてください。）

雇用保険法施行規則第13条第1項の規定により上記のとおり届けます。

平成 30 年 11 月 6 日

住所　〒331-xxxx
　　　さいたま市 北区 △△町 6-x-x

事業主 氏名　株式会社 白雲
　　　　　　　代表取締役 沖守

電話番号　048-xxx-xxxx

記名押印又は署名　事業主印

公共職業安定所長　殿

社会保険労務士記載欄	作成年月日・提出代行者・事務代理者の表示	氏名	電話番号
		印	

※所長	次長	課長	係長	係	操作者

※備考　確認通知　平成　年　月　日

2011. 1

63

《被扶養者に関するQ＆A》

● 25歳で，学生でなく無職無収入の子については，被扶養者の認定について何が必要ですか。22歳で大学を卒業した後，まったく働いていません。

所得税法上の扶養親族の範囲内ですから，原則として添付書類は不要です。ただし，年末調整に使う「扶養控除等申告書」で，無職無収入であることを確認しておきましょう。

● 所得税の扶養とならない被扶養者の認定には，どのような書類が必要ですか。

日本年金機構では，次の書類をあげています。

(1) 退職したことにより収入要件を満たす場合
 「退職証明書または雇用保険被保険者離職票の写し」
(2) 雇用保険失業給付受給中の場合または雇用保険失業給付の受給終了により収入要件を満たす場合
 「雇用保険受給資格者証の写し」
(3) 年金受給中の場合
 現在の年金受取額がわかる「年金額の改定通知書などの写し」
(4) 自営（農業等含む）による収入，不動産収入等がある場合
 「直近の確定申告書の写し」
(5) 上記(1)～(4)外に他の収入がある場合
 上記「(1)～(4)に応じた書類」及び「課税（非課税）証明書」
(6) 上記(1)～(5)以外
 「課税（非課税）証明書」

● 健康保険の被扶養者として認定を受けるための手続には，期限はあるのですか。

被扶養者になった日が，60日以上さかのぼる場合には，被扶養者の氏名，生年月日，続柄，被扶養者になった日，収入要件確認のための書類など，事実を確認できる書類を添付することとされています。

第3章　変更・紛失等の場合の手続

● 会社を自己都合退職した40歳の妻を被扶養者とする場合は、いつから認定されますか。3か月間は雇用保険の支給がないのですが、その間は被扶養者になれるのでしょうか。

　雇用保険の支給が始まるまでは、被扶養者になれます。支給が始まってからも、支給額が1日3,611円までなら、被扶養者でいられます。支給額は、雇用保険の「受給資格者証」で確認してください。

　なお、3,611円は、1か月を30日と、1年を360日と考えて、130万円÷360≒3,611円と計算された数字です。

● 被扶養者でなくなった人が被扶養者としての被保険者証を引き続き使った場合には、どのような問題が起こりますか。

　就職した子について考えてみましょう。Aさんが加入している健康保険は全国健康保険協会で、Aさんの被扶養者である子のBさんが、平成30年4月16日にC社に就職したとします。C社は健康保険組合に加入していることにしましょう。

　さて、Bさんが、C社の人事労務担当者から自分の被保険者証を受け取ったのは、平成30年5月2日でした。しかしBさんは、平成30年4月25日に歯医者に行くことになり、被扶養者としての被保険者証を使いました。歯医者の会計では、被扶養者として医療費の3割を支払いました。

　この場合には、後日、全国健康保険協会から通知がきます。「医療費の残り7割を払ってください」という内容です。これを支払ったうえで、Bさんは、C社が加入している健康保険組合に対し、「療養費」の支給を申請します。そうすると、Bさんに対して、医療費の約7割が支払われます。

　このように煩雑な手続になりますから、新しい被保険者証を待っている間に病院に行くときには、病院にそのことを説明しておきましょう。

○http://www.nenkin.go.jp/service/kounen/jigyoshohiho/hihokensha1/2014120402.html　日本年金機構「健康保険（協会けんぽ）の扶養にするときの手続き」

【マイナンバーの重要ポイント②　本人確認】

マイナンバー制度でわかりにくいのが，本人確認の書類です。主なものをあげておきますので，参考にしてください。

番号・身元をまとめて確認できるのは，マイナンバーカードのみ。
それ以外は，次のような書類が必要となる（例示）。

① マイナンバーの通知カード（番号確認）と，**写真付き身分証明書**（身元確認）
② マイナンバーが記載された住民票の写し（番号確認）と，**写真付き身分証明書**（身元確認）
③ マイナンバーの通知カード（番号確認）と，公的医療保険の被保険者証と年金手帳（**写真がないため書類2点で身元確認**）
④ マイナンバーが記載された住民票の写し（番号確認）と，公的医療保険の被保険者証と年金手帳（**写真がないため書類2点で身元確認**）

上記の①〜④は，本人がマイナンバーを提供する場合です。代理人がマイナンバーを提供する場合には，次の3点を確認することとされています。

代理権	任意代理人の場合は，**委任状**
代理人の身元	**写真付き身分証明書**（ない場合は，公的医療保険の被保険者証と年金手帳など所定の書類の中から2点）
本人の番号	マイナンバーカード，通知カード，マイナンバーが記載された住民票の写しなど（**いずれもコピーでよい**）

このような基本的な組合せを覚えておくと，社労士としても，人事労務担当者としても，事務がスムーズに進むでしょう。

第4章

出産・育児に関する手続

19 健康保険 被保険者家族 出産育児一時金 内払金支払依頼書・差額申請書

〔使う時期〕出産したとき
〔記入する際の注意点〕口座名義は家族の出産であっても被保険者となる
〔提 出 先〕全国健康保険協会または健康保険組合

【人事労務担当者は，ここに気をつけて！】

　被保険者が出産したときは，胎児の数に応じて，「出産育児一時金」が支給されます。被扶養者の出産の場合は，「家族出産育児一時金」です。いずれも1児につき原則404,000円ですが，産科医療補償制度に加入している病院等での出産なら，1児につき420,000円です。産科医療補償制度とは，分娩時の事故に備えて医療機関が加入しているものです。

　以前の出産育児一時金は，出産してからの"後払い"に限られていました。後払いの制度は現在も残っていますが，事前に出産費用を工面する必要があり，負担に感じる子育て世代が多いことでしょう。

　今は，**事前に手続をして負担を抑える**「直接支払制度」「受取代理制度」を選ぶ人が増えています。

　この2つの制度は，いずれも，**保険者から病院に出産費用が支払われます**。出産した人は，不足分のみを病院に支払えばよいのです。反対に，**出産費用が出産育児一時金の額より少ないとき**は，その差額が出産した人に支給されます（出産した人が被扶養者の場合は被保険者に支給）。直接支払制度で差額を受け取るときに使うのが，ここに載せた書類です。「保険者→病院」の支払が済む前に提出するときは，「内払金支払依頼書」として使います。「保険者→病院」の支払が済んでいれば，「差額申請書」です。

　出産する従業員から，出産育児一時金について質問があったときは，まず，**通っている病院が導入している制度を確認し，病院との間で必要な手続を済ませる**ように伝えてください。出産後は，病院が，出産費用を証明する書類を出してくれます。出産直後の人が書類のことを考えるのは大変なので，産前休業に入る前に，これらのことを説明しておきましょう。

【社労士は，ここを確認して！】

　会社から，「出産する予定の従業員がいる」と連絡が入ったら，出産に関する書類と育児に関する書類を，ひと通り揃えましょう（☞Q＆A）。出産育児一時金や出産手当金のほか，最近では，産前産後期間中の社会保険料が免除される制度もできました。

　出産・育児に関する書類は多く，育児休業終了までを考えれば，長期間にわたって，特定の人についての手続が続くことになります。混乱しないように，最初に連絡が入った時点で，専用の袋を用意することをおすすめします。その人に関する情報を，1か所にまとめていきましょう。

　さて，出産は，被扶養者がする場合もあります。男性が被保険者で，被扶養者である奥さんが出産した場合には，この書類の「振込先指定口座」の名義人に注意してください。記入を依頼するときに，「奥さんではなく，○○さん（夫）の口座です」と，念を押しましょう。

　また，2ページ目にある「出生児の氏名」欄には，フリガナがありません。しかし，出生した子を健康保険の被扶養者に追加するためには，フリガナが必要です。あらかじめ，「フリガナもお知らせください」とお願いしておくと，手続がスムーズです。

　なお，健康保険には，出産育児一時金の8割相当額を限度に，資金を無利子で貸し付ける制度もあります。対象者は，被保険者または被扶養者で，出産育児一時金の支給が見込まれる人のうち，出産予定日まで1か月以内の人か，妊娠4か月以上の人で，医療機関等に一時的な支払いを要する人です。貸付の申込みには，「出産費貸付金貸付申込書」を使います。

○https://www.kyoukaikenpo.or.jp/g3/cat315/sb3080/r145　　全国健康保険
　協会「子どもが生まれたとき」

健康保険 被保険者/家族 出産育児一時金 内払金支払依頼書/差額申請書

ページ 1/2　被保険者記入用　(内・差)

記入方法および添付書類等については、「健康保険 被保険者 家族 出産育児一時金 内払金支払依頼書差額申請書 記入の手引き」をご確認ください。
依頼書(申請書)は、楷書で枠内に丁寧にご記入ください。　記入見本 0 1 2 3 4 5 6 7 8 9 ア イ ウ

被保険者情報

被保険者証の（左づめ）	記号	番号	生年月日
	X X Y Y X X X	1 5	☑昭和 □平成　6 3 1 0 0 1

氏名・印　（フリガナ）カ ス ガ　　カ オ リ
春日 香　(印：春日)　自署の場合は押印を省略できます。

住所　（〒350-02XX）　埼玉 都道府（県）　坂戸市 001-X-X
電話番号（日中の連絡先）　TEL 049 (XXX) XXXX

振込先指定口座

金融機関名称　△△　(銀行)・金庫・信組・農協・漁協・その他（　）　坂戸　本店・(支店)・代理店・出張所・本店営業部・本所・支所

預金種別　1.普通　3.別段　2.当座　4.通知　（1）
口座番号　0 X X X X X　左づめでご記入ください。

▼カタカナ（姓と名の間は1マス空けてご記入ください。濁点(")、半濁点(°)は1字としてご記入ください。）
口座名義　カ ス カ ゙ 　 カ オ リ

口座名義の区分　（1）　1.被保険者　2.代理人

「2」の場合は必ず記入・押印ください。（押印省略不可）

受取代理人の欄

| 被保険者 | 本申請に基づく給付金に関する受領を下記の代理人に委任します。　平成　年　月　日 |
| | 氏名・印　（印）　住所「被保険者情報」の住所と同じ |

| 代理人（口座名義人） | 住所　（〒　-　）　TEL （　）　|
| | （フリガナ）　氏名・印　（印） |

| 被保険者との関係 | |

「被保険者・医師・市区町村長記入用」は2ページに続きます。≫

社会保険労務士の提出代行者名記載欄　（印）

株式番号　6 2 1 1 1 3

協会使用欄　　受付日付印 (29.10)

全国健康保険協会　協会けんぽ

1/2

第4章 出産・育児に関する手続

健康保険 被保険者/家族 出産育児一時金 内払金支払依頼書・差額申請書（2ページ 被保険者・医師・市区町村長記入用）

被保険者氏名：春日 香

申請内容

項目	内容
① 出産した者	1（1.被保険者 2.家族(被扶養者)）
①-① 家族の場合はその方の 氏名／生年月日	（空欄）
② 出産した年月日	平成 29 年 11 月 12 日
③ 生産または死産の別	1（1.生産 2.死産 3.生産・死産混在）
③-① 「生産」の場合 出生児数	1 人
③-② 「死産」の場合 死産児数	（空欄）人
③-②-(1) 「死産」の場合 妊娠からの週数及び日数	（空欄）
④ 出生児の氏名	春日 あかり
⑤ 出産した医療機関等	名称：〇〇クリニック　所在地：坂戸市 △△ 3-×-×
⑥ 出産した方	2（1.はい 2.いいえ）（被保険者→退職後6か月以内の出産ですか。／家族→協会けんぽに加入後6か月以内の出産ですか。）
⑥-① 保険者名／記号・番号	（空欄）
⑥-①-(1) 同一の出産について、⑥-①の保険者より出産育児一時金を	（空欄）（1.受けた／受ける予定 2.受けない）

証明欄（いずれかにご記入ください）

医師・助産師による証明の場合

項目	内容
出産者氏名	春日 香
出産年月日	平成 29 年 11 月 12 日
出生児の数	□単胎 □多胎（　児）
生産または死産の別	☑生産 □死産（満　週　日）
医療施設の所在地	〒350-02×× 坂戸市 △△ 3-×-×
医療施設の名称	〇〇クリニック
医師・助産師の氏名	源 光一 ㊞
上記のとおり相違ないことを証明する。	平成 29 年 11 月 14 日

市区町村長による証明の場合（生産のみ）

項目	内容
本籍	
筆頭者氏名	
母の氏名	
出生児氏名	
出生年月日	平成　年　月　日
市区町村長名	㊞
上記のとおり相違ないことを証明する。	平成　年　月　日

様式番号 621212

全国健康保険協会 協会けんぽ

20　健康保険出産手当金支給申請書

〔使う時期〕健康保険の被保険者が出産により休業し賃金が支払われないとき
〔記入の際の注意点〕続紙にも事業主印が必要となる
〔提出時期〕産後休業が終了した直後の賃金支払日後に提出することが多い
〔提 出 先〕全国健康保険協会または健康保険組合

【人事労務担当者は，ここに気をつけて！】

　ここに載せているのは，「健康保険出産手当金支給申請書」のうち，勤務状況と賃金支給状況を記入するページ（3ページ目）です。勤務状況には**年次有給休暇**も記入しますので，何月何日に年休を取得したのか，わかるようにしておいてください。1ページ目には，被保険者の氏名・住所，振込先指定口座等を記入します。2ページ目には，医師等の記入欄があります。

【社労士は，ここを確認して！】

　賃金支給状況は3か月分しか書けないようになっていますが，産休は，産前・産後をあわせて100日前後（双子等の多胎妊娠なら150日前後）です。多くの場合は，3か月には収まりません。そこで，続きは，この用紙をコピーして記入することになっています。いわゆる"続紙"ですが，この続紙に事業主印をいただくのを，忘れないようにしてください。

　賃金は，産前休業に入る月は，日割り計算（または欠勤控除）となることがほとんどでしょう。計算方法は，**自分が納得できるまで**，会社に問い合わせをし，しっかりと確認してください。**保険者から賃金計算方法について質問が来ること**があります。

　時には，**会社の計算ミス**が見つかることもありますが，大切なのは「**説明できるようにしておくこと**」です。あとで過不足を調整する予定があるなら，その時期と調整金額を会社に確認し，保険者に伝えましょう。

　できれば，毎月の賃金を個人別で一覧できるようにしておき，日頃から，日割り計算等の方法を把握してください。給与計算と人事労務は，担当者が異なることもありますが，月々の賃金の内容に目を通していれば，給与計算の担当者とも親しくなれます。それは，このような給付の手続で大いに役立ちます。

第4章　出産・育児に関する手続

健康保険 出産手当金 支給申請書　（事業主記入用）3/3

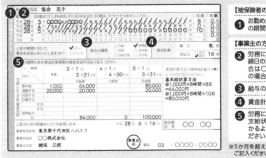

記入例

【被保険者の方へ】
❶ お勤め先の事業所から証明を受けてください。資格喪失日以降の期間に関する申請については、空欄でご提出ください。

【事業主の方へ】
❷ 労務に服さなかった期間を含む賃金計算期間（賃金計算の締日の翌日から締日の期間）の勤務状況について、出勤した場合は○で、有給の場合は△で、公休日の場合は公で、欠勤の場合は／で表示してください。

❸ 給与の種類について、該当する給与の種類を選んでください。

❹ 賃金計算の締日および賃金の支払日をご記入ください。

❺ 労務に服さなかった期間を含む賃金計算期間における賃金支払状況についてご記入ください。また、賃金計算方法や欠勤控除計算方法等をご記入ください。

※5か月を超えて証明する場合は、当ページをコピーして超えている部分をご記入ください。

様式番号
6 1 1 3 1 2

全国健康保険協会
協会けんぽ

21　健康保険　厚生年金保険　産前産後休業取得者申出書

〔使う時期〕産休中の社会保険料の免除を申し出るとき
〔記入する際の注意点〕産前産後休業期間を数え間違えないようにする
〔提出時期〕産前産後休業の間に提出する
〔提　出　先〕年金事務所（事務センター郵送も可），健康保険組合

【人事労務担当者は，ここに気をつけて！】

　現在，健康保険の保険料率は，標準報酬月額に対して1,000分の100前後で，厚生年金保険は1,000分の183です。合計で標準報酬月額の３割近くとなり，これを事業主と被保険者が半分ずつ負担しています。たとえば，標準報酬月額が30万円の場合には，９万円近い金額を，毎月半分ずつ負担しています。
　これだけの金額を，産休や育児休業の間にずっと支払っていくのは大変ですから，保険料免除の制度が設けられています。**産休期間中の免除の申出は，産休中にしなければならない**ことに気をつけてください。

【社労士は，ここを確認して！】

　いつからいつまでの保険料が免除されることになるのか，会社に正確に伝えましょう。たとえば，出産予定日が11月10日で，予定日以前42日の時点から休業し，出産日が11月12日であったときは，次のようになります。

①　産前休業は，９月30日からとなる（11月10日からさかのぼって42日目）。
②　出産が**出産予定日より遅れたときは**，その分だけ**「産前」の日数が増える**。２日遅れで11月12日に出産したときは，「産前は44日」となる。
③　産後休業は，11月13日（**出産日の翌日**）から起算して56日目の，翌年１月７日までとなる。
④　保険料が免除されるのは，「**休業開始月から，休業終了日の翌日が属する月の前月まで**」である。この例では，９月分から12月分までとなる（賃金では10月支払分から翌年１月支払分まで）。育児休業中の免除は別途申出をする。

　なお，双子などの「多胎妊娠」では，産前休業は98日が基本となります。

○http://www.nenkin.go.jp/service/kounen/hokenryo-kankei/menjo/ 20140327-04.html　　日本年金機構「産前産後休業保険料免除制度」

第4章 出産・育児に関する手続

健康保険・厚生年金保険 産前産後休業取得者申出書/変更(終了)届(出産前に提出する例)

平成29年10月10日提出

事業所整理記号：XX-XX

事業所所在地：〒350-XXXX 川越市 △△町 3-X-X

事業所名称：SK商事 株式会社

事業主氏名：代表取締役 大宮太郎 ㊞（事業主印）

電話番号：049(XXX)XXXX

新規申出の場合は共通記載欄に必要項目を記入してください。
変更・終了の場合は、共通記載欄に産前産後休業取得時に提出いただいた内容を記入のうえ、A.変更・B.終了の必要項目を記入してください。

共通記載欄(取得申出)

① 被保険者整理番号：15
② 個人番号(基礎年金番号)：1XXXXXXXXXX
③ 被保険者氏名：(フリガナ) カスガ カオリ／春日 香
④ 被保険者生年月日：5.昭和 / 7.平成 → 63 10 01
⑤ 出産予定年月日：7.平成 29 11 10
⑥ 出産種別：0.単胎 / 1.多胎 → ◯単胎
   ※出産予定の子の人数が2人(双子)以上の場合は「1.多胎」を◯で囲んでください。
⑦ 産前産後休業開始年月日：7.平成 29 09 30
⑧ 産前産後休業終了予定年月日：7.平成 30 01 05

以下の⑨～⑪は、この申出書を出産後に提出する場合のみ記入してください。

⑨ 出生児の氏名：(フリガナ)／(氏)／(名)
⑩ 出産年月日：7.平成
⑪ 備考

A.変更

出産(予定)日・産前産後休業終了(予定)日を変更する場合 ※必ず共通記載欄も記入してください。

⑫ 変更後の出産(予定)年月日：7.平成
⑬ 変更後の出産種別：0.単胎 / 1.多胎
⑭ 産前産後休業開始年月日：7.平成
⑮ 産前産後休業終了予定年月日：7.平成

B.終了

予定より早く産前産後休業を終了した場合 ※必ず共通記載欄も記入してください。

⑯ 産前産後休業終了年月日：7.平成

○ 産前産後休業期間とは、出産日以前42日(多胎妊娠の場合は98日)～出産後56日の間に、妊娠または出産を理由として労務に従事しない期間のことです。

○ この申出書を出産予定日より前に提出された場合で、実際の出産日が予定日と異なった場合は、再度『産前産後休業取得者変更届』(当届書の「共通記載欄」と「A.変更」欄に記入)を提出してください。休業期間の基準日である出産年月日がずれることで、開始・終了年月日が変更になります。

○ 産前産後休業取得申出時に記載した終了予定年月日より早く産休を終了した場合は、『産前産後休業終了届』(当届書の「共通記載欄」と「B.終了」欄に記入)を提出してください。

○ 保険料が免除となるのは、産前産後休業開始日の属する月分から、終了日翌日の属する月の前月分までとなります。

(この事例は旧様式の対象となりますが、便宜上、新様式を使用しています)

22　育児休業給付金支給申請書

〔使う時期〕雇用保険の被保険者が育児休業をしたとき
〔記入する際の注意点〕被保険者の署名・押印をもらう時間を考え，余裕を
　　　　もって手続を進める（署名・押印は今後省略の方向。現時点では必要）
〔提出時期〕初回は育児休業開始日から4か月を経過する日の属する月の末日
　　　　まで
〔提　出　先〕事業所の所在地を管轄する公共職業安定所

【人事労務担当者は，ここに気をつけて！】

　雇用保険には，雇用継続給付という制度があり，育児休業も対象となっています。原則として子が1歳になるまでの給付ですが，子が保育所に入れず働けない場合には，最大で2歳になるまで支給されます。

　この書類には，被保険者の氏名・住所・出産年月日・育児休業開始年月日等を記入します。出産した女性の場合は，育児休業の初日は，出産日の翌日から数えて57日目です。たとえば，平成29年11月12日に出産した場合は，平成30年1月8日から育児休業となります。この場合の提出期限は5月末日です。

　育児休業給付金は，基本的に**2か月分ずつ支給申請**します。この例で考えると，初回の支給申請は，平成30年1月8日から平成30年3月7日までの2か月分です。支給申請の際には，この期間に対応する賃金台帳と出勤簿を添付します。このため，休業している人についても，休んでいることがわかるように，**毎月のタイムカードを用意**してください。

　育児休業中の従業員とは，**定期的に連絡を取り合う**ことも大切です。特に，休業の終了予定日が近づいたら，延長するかどうかを必ず確認してください。

【社労士は，ここを確認して！】

　育児休業給付金は，被保険者の口座に振り込まれます。金融機関の確認印は，通帳のコピーを添付すれば省略できます。通帳の表紙では支店名がわからないので，依頼するときは「支店名がわかるページ」と指定してください。

　また，母子手帳のコピーを依頼するときは，**親子の両方の名前**と，**子の出生年月日がわかるページ**を指定しましょう。

第4章　出産・育児に関する手続

様式第33号の5（第101条の13関係）（第1面）

育児休業給付受給資格確認票・（初回）育児休業給付金支給申請書
（必ず第2面の注意書きをよく読んでから記入してください。）

23 休業開始時賃金月額証明書（育児休業の場合）

〔使う時期〕雇用保険の被保険者が育児休業をしたとき
〔記入する際の注意点〕賃金支払基礎日数11日以上の期間が通算して12以上になるまで記入する。原則２年以内，最大で４年以内に12以上あること
〔提出時期〕育児休業給付の初回の支給申請日まで
〔提 出 先〕事業所の所在地を管轄する公共職業安定所

【人事労務担当者は，ここに気をつけて！】

　この書式は，離職証明書に似ています。離職証明書は離職日からさかのぼって１か月ずつ記入しますが，ここでは育児休業開始日の前日からさかのぼって記入していきます。平成30年１月８日に休業を開始した人なら，12月８日～１月７日，11月８日～12月７日という具合です。賃金支払基礎日数11日以上の期間が通算して12以上となるまで，順次さかのぼって記入していきます。

　つまり，**雇用保険に入っていても，賃金支払基礎日数11日以上の期間が不足していれば，育児休業給付金を受給することができません。**前に働いていた会社の期間をつなげて使える場合もありますが，出勤日数が少なくなっている人については，随時，契約内容の見直しをしましょう。

　ただし，「支給要件をみたさず，育児休業給付金をもらえない人」でも，要件をみたせば，育児休業を取得することはできます。

【社労士は，ここを確認して！】

　産前産後休業に続いて育児休業を取得した人は，通常は，産休の期間の賃金がありません。**出産手当金支給申請書の写し**等があれば，その期間を省略して記入することができます。省略の理由は，備考欄に書いておきます。それでも１枚の用紙に収まらない場合には，もう１部用意して，続きを書きましょう。

　育児休業給付金の支給額は，直近の６か月分の賃金（賃金ゼロの月や日割り計算の月は含めない）から算定されます。「**賃金額**」の欄は，総支給額だけでなく，賃金の内訳を丁寧に見てから記入してください。

　なお，健康保険と厚生年金保険に入っている人については，保険料免除のため，「**健康保険厚生年金保険育児休業等取得者申出書**」も提出しておきましょう。

第4章 出産・育児に関する手続

雇用保険被保険者 休業開始時賃金月額証明書（事業主控）（育児）・介護
―所定労働時間短縮開始時賃金証明書―

① 被保険者番号　1×××-×××××-×
② 事業所番号　1××-×××××-×
フリガナ　カスガ カオリ
④ 休業等を開始した者の氏名　春日 香
⑤ 休業等を開始した日の年月日　平成30年1月8日

③ 名称：SK商事 株式会社
事業所所在地：川越市 △△町 3-×-×
電話番号：049-×××-××××

⑥ 休業等を開始した者の住所又は居所：〒350-02××　坂戸市〇〇1-×-×
電話番号（049）×××-××××

事業主　住所：川越市 △△町 3-×-×
　　　氏名：SK商事 株式会社　代表取締役 大宮太郎

休業等を開始した日前の賃金支払状況等

⑦休業等を開始した日の前日に離職したとみなした場合の被保険者期間算定対象期間	⑧⑦の期間における賃金支払基礎日数	⑨賃金支払対象期間	⑩⑨の基礎日数	⑪賃金額 Ⓐ	Ⓑ	計	⑫備考
休業等を開始した日 1月8日							
12月8日～休業等を開始した日の前日	0日	12月21日～休業等を開始した日の前日	0日				自29.9.30 至30.1.7 100日間出産のための休業 賃金支払なし
9月8日～10月7日	20日	9月21日～10月20日	7日		78,273		
8月8日～9月7日	31日	8月21日～9月20日	31日	246,000			
7月8日～8月7日	31日	7月21日～8月20日	31日	246,000			
6月8日～7月7日	30日	6月21日～7月20日	30日	246,000			
5月8日～6月7日	31日	5月21日～6月20日	31日	247,500			
4月8日～5月7日	30日	4月21日～5月20日	30日	246,000			
3月8日～4月7日	31日	3月21日～4月20日	31日	246,500			
2月8日～3月7日	28日	月　日～　月　日	日				
1月8日～2月7日	31日	月　日～　月　日	日				
12月8日～1月7日	31日	月　日～　月　日	日				
11月8日～12月7日	30日	月　日～　月　日	日				
10月8日～11月7日	31日	月　日～　月　日	日				

⑬賃金に関する特記事項

休業開始時賃金月額証明書・所定労働時間短縮開始時賃金証明書　受理　平成　年　月　日　（受理番号　　号）

⑭（休業開始時における）雇用期間　④定めなし　□定めあり→平成　年　月　日まで（休業開始日を含めて　年　カ月）

注意
1　事業主は、公共職業安定所からこの休業開始時賃金月額証明書又は所定労働時間短縮開始時賃金証明書（事業主控）（以下「休業開始時賃金月額証明書等」という。）の交付を受けたときは、これを4年間保管し、関係職員の要求があったときは提示すること。
2　休業開始時賃金月額証明書等の記載方法については、別冊「雇用保険被保険者休業開始時賃金月額証明書等についての注意」を参照すること。
3　「休業等を開始した日」とあるのは、当該被保険者が育児休業又は介護休業を開始した日及び当該被保険者が小学校就学の始期に達するまでの子を養育するため若しくは要介護状態にある対象家族を介護するための休業又は当該被保険者が就業しつつその子を養育することもしくはその要介護状態にある対象家族を介護することを容易にするための所定労働時間短縮措置の適用を開始した日のことである。
　なお、被保険者が労働基準法の規定による産前・産後休業に引き続いて、育児休業又は小学校就学の始期に達するまでの子を養育するための休業を取得する場合は出産日から起算して58日目に当たる日が、又は当該被保険者が就業しつつその子を養育することを容易にするための所定労働時間短縮措置を適用する場合は当該適用日が、「休業等を開始した日」となる。

社会保険労務士記載欄	作成年月日・提出代行者・事務代理者の表示	氏　名	電話番号
		㊞	

24　健康保険　厚生年金保険　育児休業等終了時報酬月額変更届

〔使う時期〕健康保険・厚生年金保険の被保険者が育児休業を終えて職場復帰し，賃金が低下したとき
〔記入する際の注意点〕１か月目が何月になるのかよく確認すること
〔提出時期〕職場復帰日の属する月から数えて３か月目の賃金支払日が過ぎたら，要件に該当するかどうかを確認して提出する
〔提 出 先〕年金事務所（事務センター郵送も可），健康保険組合

【人事労務担当者は，ここに気をつけて！】

　引き続き，平成29年11月12日に出産した人の例で，みていきましょう。産前産後休業のあと育児休業を取得し，子が１歳に達する日（１歳の誕生日の前日）で休業を終えた例です。子の１歳の誕生日からは，職場復帰しています。

　職場復帰してからしばらくの間は，保育所の送り迎えなど，大変に忙しい時期が続きます。所定労働時間を短くし，それに伴って賃金が低下することもあります。そこで，この書式の登場となります。子育て世代の負担を軽くするために，標準報酬月額を下げ，保険料を安くすることができるのです。

　従業員本人が住所氏名等を記入し，押印する欄がありますので，従業員に一時的に用紙を預ける場合には，**会社に提出する期限を指定しておきましょう**。

【社労士は，ここを確認して！】

　社労士におなじみの手続のひとつに，「報酬月額変更届」があります。固定的賃金が変動し，一定の要件に該当する場合に，標準報酬月額が２等級以上（原則）変わることを届けておくものです。育児休業等終了時の改定は，報酬月額変更届と似ていますが，**標準報酬月額が１等級でも変われば該当します**。

　この例の場合は，平成31年２月から標準報酬月額が変わりますが，給与計算で保険料が変わるのは，平成31年３月支払からです。保険料が，いつから，いくらになるのか，**給与計算に間に合うように連絡しましょう**。

○http://www.nenkin.go.jp/service/kounen/hokenryo-kankei/menjo/20150407.html　日本年金機構「育児休業等終了時報酬月額変更届の提出」

第4章　出産・育児に関する手続

様式コード 2222

健康保険／厚生年金保険　**育児休業等終了時報酬月額変更届**
厚生年金保険　70歳以上被用者育児休業等終了時報酬月額相当額変更届

平成 31 年 2 月 6 日提出

提出者記入欄

- 事業所整理記号： ××－×××
- 事業所所在地：〒350-×××× 川越市△△町3-×-×
- 事業所名称：SK商事 株式会社
- 事業主氏名：代表取締役 大宮太郎 ㊞
- 電話番号：049（×××）××××

社会保険労務士記載欄　氏名等

申出者記入欄

育児休業等を終了した際の標準報酬月額の改定について申出します。
（健康保険法施行規則第38条の2及び厚生年金保険法施行規則第10条）

平成 31 年 2 月 1 日

日本年金機構理事長あて

- 住所：坂戸市○○1-×-×
- 氏名：春日 香 ㊞
- 電話：049（×××）××××

被保険者欄

①被保険者整理番号	15	個人番号（基礎年金番号）	1×××××××
②被保険者氏名	(フリガナ) カスガ カオリ／春日 香	③被保険者生年月日	昭和63年10月1日
④子の氏名	(フリガナ) カスガ アカリ／春日 あかり	⑤子の生年月日	平成29年1月12日
		⑥育児休業等終了年月日	平成30年1月11日

支給月	給与計算の基礎日数	通貨	現物	合計
⑦11月	8	78,545円	0円	―
⑧12月	30	216,000円	0円	216,000円
⑨1月	31	216,000円	0円	216,000円

- 総計：432,000円（指定覧に注記）→ 実際欄 4 3 2 0 0 0 円
- 平均額：216,000円
- 修正平均額：―

従前標準報酬月額	健 240千円／厚 240千円	昇給・降給	11月 1.昇給 2.降給	遡及支払額		改定年月	31年 2月

- 給与締切日・支払日：締切日 20 ／支払日 末 ／翌月支払
- 備考：該当する項目を○で囲んでください。 1.70歳以上被用者　2.二以上勤務被保険者　3.短時間労働者　4.パート　5.その他（　　）（特定適用事業所等）

⑯申出欄

育児休業等を終了した日の翌日に引き続いて、産前産後休業を開始していませんか。
☑ 開始していません

※ 育児休業等を終了した日の翌日に引き続いて産前産後休業を開始した場合は、この申出はできません。

○ 育児休業等終了時報酬月額変更届とは
「育児休業、介護休業等育児又は家族介護を行う労働者の福祉に関する法律」による満3歳未満の子を養育するための育児休業等（育児休業及び育児休業に準ずる休業）終了日に3歳未満の子を養育している被保険者は、一定の条件を満たす場合、随時改定に該当しなくても、育児休業終了日の翌日が属する月以後3カ月間に受けた報酬の平均額に基づき、4カ月目の標準報酬月額から改定することができます。
ただし、育児休業等を終了した日の翌日に引き続いて産前産後休業を開始した場合は、この申出はできません。

○ 変更後の標準報酬月額が以前より下がった方へ
3歳未満の子を養育する被保険者または被保険者であった者で、養育期間中の各月の標準報酬月額が、養育開始月の前月の標準報酬月額を下回る場合、「養育期間の従前標準報酬月額みなし措置」という制度をご利用いただけます。この申出をいただきますと、将来の年金額の計算時には養育期間以前の従前標準報酬月額を用いることができますので、『育児休業等終了時報酬月額変更届』とあわせて、『養育期間標準報酬月額特例申出書』を提出してください。

81

25　厚生年金保険　養育期間標準報酬月額特例申出書

〔使う時期〕3歳未満の子を養育中に標準報酬月額が低下したとき
〔記入する際の注意点〕夫婦が同じ職場のときは2人とも提出する
〔提出時期〕被保険者から申出を受けたとき
〔提　出　先〕年金事務所（事務センター郵送も可）

【人事労務担当者はここに気をつけて！】

　3歳未満の子を養育する間は，何かと忙しく，働き方を調整して賃金が低下する場合があります。賃金が低下すれば，標準報酬月額が低下し，老後の年金にも影響を及ぼします。しかし，この書類を提出しておけば，低下する前の標準報酬月額で年金額が計算されます。

　低下の理由は特に問われませんので，「3歳未満の子を育てている従業員ならこの書類を提出できる」と考えておくのがよいでしょう。実子だけでなく，養子も対象となります。

　従業員と子の関係等を確認するため，戸籍謄（抄）本と住民票が必要で，これらをととのえるのに時間がかかることがあります。

【社労士はここを確認して！】

　ここでは，引き続き，子が平成29年11月12日に生まれた場合を紹介しています。出産した女性従業員については，出産・育児関係の手続の一環として，流れの中に組み込んでおきましょう。

　気をつけなければならないのは，社内結婚をした人です。夫婦が同じ会社にいて，それぞれ厚生年金保険に入っている場合は，2人ともこの特例の対象となります。「夫の分を忘れていた！」ということのないようにしましょう。

　なお，この申出書は，提出が遅くなったとしても，「申出日の前月までの2年間」については，特例が認められます。「この人は，特例の申出ができるのでは？」と気づいたら，すぐに会社に連絡しましょう。

http://www.nenkin.go.jp/service/kounen/hokenryo-kankei/hoshu/20150120.html　　日本年金機構「養育期間の従前標準報酬月額のみなし措置」

第4章 出産・育児に関する手続

厚生年金保険 養育期間標準報酬月額特例 申出書・終了届

様式コード 2267

平成 31 年 2 月 6 日提出

提出者記入欄

事業所整理記号	×× - ×××
事業所所在地	〒350-×××× 川越市△△町3-×-×
事業所名称	SK商事 株式会社
事業主氏名	代表取締役 大宮太郎 ㊞
電話番号	049（×××）××××

受付印

社会保険労務士記載欄
氏名等

申出者署名欄

この申出書（届書）記載のとおり申出（届出）します。 日本年金機構理事長あて 平成 31 年 2 月 1 日

住所 坂市001-×-×
氏名 春日香 ㊞
電話 049（×××）××××

共通記載欄に加え、申出の場合は A.申出、終了の場合は B.終了 の欄にも必要事項を記入してください。
また、上部の申出者署名欄に記入してください。

共通記載欄

①被保険者整理番号	15	②個人番号[基礎年金番号]	1××× ×××× ××××
③被保険者氏名	（フリガナ）カスガ カオリ 春日 香	④被保険者生年月日	5.昭和 7.平成 63年10月01日 ⑤被保険者性別 1.男 ②女
⑥養育する子の氏名	（フリガナ）カスガ アカリ 春日 あかり	⑦養育する子の生年月日	7.平成 29年11月12日

A.申出　養育特例の申出をする場合

⑧過去の申出の確認	⑥の子について、初めて養育特例の申出をしますか。	①はい　2.いいえ	⑨事業所の確認	現在勤務されている事業所と、⑥の子を養育し始めた月の前月に勤務していた事業所は同じ事業所ですか。	①はい　2.いいえ
前月に勤務していた事業所	⑨で2.いいえ を選択された方 ⑥の子を養育し始めた月の前月に勤務していた事業所を記入してください。（勤務していなかった場合は、過去1年以内の直近の月に勤務していた事業所を記入してください）	事業所所在地（船舶所有者住所） 〒 -			
		事業所名称（船舶所有者氏名）			
⑩養育開始年月日	7.平成 29年11月12日	⑪養育特例開始年月日	7.平成 30年01月12日	⑫備考	

B.終了　養育特例を終了する場合

養育特例開始年月日	7.平成 　年　月　日	養育特例終了年月日	7.平成 　年　月　日	備考	

○ 養育期間標準報酬月額特例とは
次世代育成支援の拡充を目的とし、子どもが3歳までの間、勤務時間短縮等の措置を受けて働き、それに伴って標準報酬月額が低下した場合、子どもが生まれる前の標準報酬月額に基づく年金額を受け取ることができる仕組みが設けられたものです。被保険者の申出に基づき、より高い従前の標準報酬月額をその期間の標準報酬月額とみなして年金額を計算します。養育期間中の報酬の低下が将来の年金額に影響しないようにするための措置です。従前の標準報酬月額とは養育開始月の前月の標準報酬月額を指しますが、養育開始月の前月に厚生年金保険の被保険者でない場合には、その月前1年以内の直近の被保険者であった月の標準報酬月額が従前の報酬月額とみなされます。その月前1年以内に被保険者期間がない場合は、みなし措置は受けられません。
（対象期間 ： 3歳未満の子の養育開始月 ～ 養育する子の3歳誕生日のある月の前月）

※ 特例措置の申出は、勤務している事業所ごとに確認してください。
また、既に退職している場合は事業所の確認を受けずに、本人から直接提出することができます。

83

《出産・育児に関するQ&A》

● 出産した従業員について，各種保険の手続をまとめて説明してください。

　平成30年4月15日が出産予定日で，法定の上限の産休を取得し，平成30年4月20日に1人の子を出産した場合について，考えてみましょう。賃金締切日は毎月20日，賃金支払日は当月の末日としておきます。

(1) 産前産後休業の期間を確認する

　産前は，平成30年3月5日から休業することができます。出産予定日よりも遅れて出産したときは，出産日までが「産前」に含まれます。出産日の翌日から56日間が「産後」の休業です。

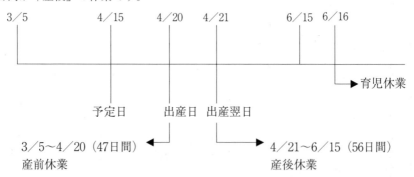

　なお，産後は，6週間を経過するまでの間は，必ず休ませなければなりません（絶対的就業禁止期間）。6週間を経過し，本人が「働きたい」と言っているときは，医師が支障がないと認めた業務のみ，就かせることができます。

(2) 出産育児一時金の支給申請について打ち合わせをする

　従業員が産休に入る前に，いくつか確認しておかなければならないことがあります。まず，出産費用をどうするかを聞きましょう。自分でいったん全額を支払い，後で保険者に請求する場合は，「出産育児一時金支給申請書」を渡しておきます。そうではなく，たとえば「直接支払制度」を利用して保険者と病院との間で費用をやりとりしてもらうのであれば，「出産育児一時金　内払金支払依頼書差額申請書」を渡します。

(3) 出産手当金支給申請書も渡しておく

　「出産手当金支給申請書」には，病院で証明を受ける欄がありますので，これ

も産休に入る前に渡しておきましょう。出産日が確定すると他の手続も早く進めることができるため，この用紙は，出産後早めに返送するように伝えてください。

(4) 育児休業申出書の用紙を渡して記入してもらう

　出産した女性は，多くの場合，続けて育児休業を取得します。そこで，育児休業申出書も用意しましょう。次のページに載せたのは，厚生労働省のホームページにある書式です。

　育児休業申出書は，社内での重要書類となるとともに，育児休業給付金の支給申請にも必要な書類です。この申出に対して，会社は，「育児休業取扱通知書」を作成することになります。

○https://www.mhlw.go.jp/bunya/koyoukintou/pamphlet/dl/32_27-2.pdf

　厚生労働省「育児休業申出書」

　上記URLでは，次の書式の見本も見ることができます。

・介護休業申出書
・育児休業，介護休業の取扱通知書
・育児休業，介護休業の申出撤回届
・育児休業，介護休業の期間変更申出書
・育児，介護のための時間外労働制限の申出書
・育児，介護のための深夜業制限の申出書
・子の看護休暇・介護休暇申出書
・育児，介護のための短時間勤務申出書　等

社内様式1

育児休業申出書

殿

[申出日] 平成　　年　　月　　日
[申出者] 所属
　　　　　氏名

私は、育児・介護休業等に関する規則（第　　条）に基づき、下記のとおり育児休業の申出をします。

記

1 休業に係る子の状況	(1) 氏名	
	(2) 生年月日	
	(3) 本人との続柄	
	(4) 養子の場合、縁組成立の年月日	平成　　年　　月　　日
	(5) (1)の子が、特別養子縁組の監護期間中の子・養子縁組里親に委託されている子・養育里親として委託された子の場合、その手続きが完了した年月日	平成　　年　　月　　日
2 1の子が生まれていない場合の出産予定者の状況	(1) 氏名 (2) 出産予定日 (3) 本人との続柄	
3 休業の期間	平成　　年　　月　　日から　　年　　月　　日まで （職場復帰予定日　平成　　年　　月　　日）	
4 申出に係る状況	(1) 1歳までの育児休業の場合は休業開始予定日の1か月前、1歳を超えての休業の場合は2週間前に申し出て	いる・いない→申出が遅れた理由 〔　　　　　　　　　　〕
	(2) 1の子について育児休業の申出を撤回したことが	ない・ある→再度申出の理由 〔　　　　　　　　　　〕
	(3) 1の子について育児休業をしたことが ※ 1歳を超えての休業の場合は記入の必要はありません	ない・ある 再度休業の理由 〔　　　　　　　　　　〕
	(4) 配偶者も育児休業をしており、規則第　条第　項に基づき1歳を超えて休業しようとする場合	配偶者の休業開始（予定）日 平成　　年　　月　　日
	(5) (4) 以外で1歳を超えての休業の申出の場合	休業が必要な理由 〔　　　　　　　　　　〕
	(6) 1歳を超えての育児休業の申出の場合で申出者が育児休業中でない場合	配偶者が休業　している・していない

第4章　出産・育児に関する手続

(5) 育児休業給付金の準備をする

育児休業中は，一定の要件のもとに，雇用保険から育児休業給付金が支給されます。休業開始から通算180日間については，休業前の賃金の67％が支給されます。その後は，休業前の賃金の50％が支給されます。

育児休業給付金の支給申請をするには，「育児休業給付金支給申請書」「休業開始時賃金月額証明書」といった書式のほかに，母子手帳のコピー，振込口座の通帳コピーなどが必要です。育児休業をする従業員に用意してもらわなければならないものは，産休前に伝えましょう。

(6) 何を，いつ渡したのか，いつ依頼したのか，わかるようにしておく

産休に入る従業員に渡した書類は，①何を，②いつ，③どのような状態で渡したのか，記録を残しましょう。書類の名前と渡した日を一目でわかるようにし，それとともに，渡したときの状態でコピーをとっておくことをおすすめします。母子手帳のコピー等を依頼した日付も，控えておきましょう。

(7) 休業中の連絡窓口を明確にしておく

休業中の従業員から，書類の記入方法等について，問い合わせが来ることがあります。会社から従業員に，連絡を取りたい場合もあります。会社の体制にもよりますが，会社の窓口が誰になるのか，できる限り明確にしておきましょう。出産前後は，体力を消耗しているだけでなく，気持ちも落ち着かないものです。休業している従業員が安心できる体制を整えておけば，職場復帰までの流れがスムーズになります。

なお，「従業員が社労士に直接問い合わせたほうが早い」と思われることであっても，会社を通すようにしたほうが，誰にとっても安全です。

(8) 産前産後休業期間中の保険料免除の手続をする

健康保険・介護保険・厚生年金保険の保険料は，産前休業を開始した月の分から，事業主負担分・被保険者負担分とも免除されます。3月5日から産休の場合は，3月分の保険料から免除されます。保険料は1か月遅れで控除しますので，給与計算上は4月末日支払いの4月分から免除となります。

(9) 出産したことをできるだけ早く把握する

産休と育児休業の期間は，賃金が支払われないのが一般的です。出産手当金や育児休業給付金の支給申請をスムーズに進めることが，出産した従業員の不安を

和らげることになります。そこで，会社としては，出産したことを，できるだけ早く知る必要があります。出産予定日を過ぎても，「出産手当金支給申請書」等の用紙がなかなか返送されない場合には，あまり遅くならないうちに連絡しましょう。

⑽　出産手当金の支給申請等を順次進めていく

　さて，この事例では，出産日が4月20日で，予定日の4月15日よりも5日遅れて出産したことがわかりました。産前休業は3月5日から4月20日までの47日間となり，給与計算上は3月分から休業となります。20日締切なので，3月分は，2月21日から3月20日までのうち，後半を休んだことになります。従業員の希望によって年次有給休暇をあてることもありますが，日割り計算（または欠勤控除）になることがほとんどでしょう。日割り計算の方法は，後になっても，いつでも説明できるようにしておいてください。

　さて，この事例で，出産手当金を，産後休業が終わってからまとめて支給申請をする場合には，3月5日～6月15日の103日分となります。6月分の給与計算が済めば，支給申請が可能です。

⑾　育児休業期間中の保険料免除の手続をする

　6月16日からは，育児休業に入ります。育児休業期間中も，健康保険・介護保険・厚生年金保険の保険料が免除されますので，そのための書類（育児休業等取得者申出書）を提出しておきましょう。

　保険料は，休業開始月から，休業終了日の翌日が属する月の前月まで免除されます。この事例で，子の1歳の誕生日に職場復帰する場合には，平成31年4月19日までが育児休業です。そこで，保険料が免除されるのは，平成31年3月分まで（給与計算上は平成31年4月分まで）となります。

⑿　育児休業給付金の支給申請をする

　育児休業給付金は，初回の支給申請が済めば，あとは2か月に1回ずつの手続です。この事例では，初回の支給申請期限は，平成30年10月末日となります。

第4章 出産・育児に関する手続

⒀ 育児休業を延長するかどうか確認する

　育児休業の終了予定日が近づいたら，余裕を持って，「延長するかどうか」を確認しましょう。保育所に入所申込みをしているのに待機児童となっている場合には，育児休業の延長や，育児休業給付金の延長が可能です。子が1歳6か月の時点でまだ待機児童であれば，再度手続をして，2歳まで休業を延長することができ，それに伴って育児休業給付金の支給期間も延長されます。

　健康保険・介護保険・厚生年金保険の保険料免除は，最大で子が3歳になるまでとされています。

　この事例では，当初の予定どおりに，子の1歳の誕生日で職場復帰したことにして，話を進めます。なお，育児休業を延長しない場合であっても，その旨を確認したことを，書面で残しておくようにしましょう。

⒁ 職場復帰後に，最初に健康保険料等を控除する月を確認する

　職場復帰をすると，保険料の控除が始まります。雇用保険料は，賃金の支払が再開された最初の月から控除してください。

　健康保険・介護保険・厚生年金保険の保険料は，1か月遅れで控除する仕組みになっています。この事例では，平成31年4月20日から職場復帰しています。賃金締切日が20日なので，4月の賃金は1日分となり，ここからは，健康保険料等を控除する必要はありません。次の図で確認してみましょう。

```
「6月から」→ 給与計算上は7月分から（その前は産休免除）
「翌年3月まで」→ 給与計算上は4月分まで
　　　・4月分の給与計算では雇用保険料のみ控除する
　　　・5月分の給与計算からは健保等の保険料も控除する
```

⑮　標準報酬月額の改定をして保険料を下げる

　育児休業終了後に，一定の要件に該当したときは，健康保険・介護保険・厚生年金保険の保険料を下げることができます。1等級でも標準報酬月額が下がれば保険料を下げることができ，この事例では，職場復帰した4月分から6月分までの3か月間で要件をみます。ただし，4月分は1日しかないので，計算に入りません。報酬支払基礎日数が17日（短時間労働者は11日）未満の月は，計算に入らないのです。

⑯　厚生年金保険の「養育特例」も提出しておく

　⑮で標準報酬月額を下げたときは，同時に，厚生年金保険の「3歳未満の子を養育している期間中の特例」も手続しておきましょう。これにより，老後の年金は，下がる前の標準報酬月額に基づいて計算されます。

● 育児休業中の従業員について，毎月の給与計算上での注意点はありますか。

　産休中と育児休業期間中は，健康保険・介護保険・厚生年金保険の保険料が免除されます。雇用保険料や所得税は発生せず，ほかに控除するものがなければ，給与明細書は空欄ばかりになります。その場合でも，育児休業給付金の支給申請には，給与明細書を添付する必要があります。給与計算ソフトでは，産休または

育児休業中の人についても，毎月，「計算済」の状態にしておいてください。「未計算」のままにすると，たとえば「※※※・・・」といった表示になってしまいます。

● 育児休業給付金の初回の支給申請期限は休業開始日から約4か月後ということですが，その提出期限を過ぎたら，受給することはできないのですか。

育児休業給付金を受ける権利が時効で消滅するまでの間は，提出期限に遅れても，支給申請をすることができます。雇用保険の給付の消滅時効は，2年間です。

● 育児休業給付金がいつ振り込まれるのか，従業員から聞かれたときは，どのように答えればよいですか。

支給申請時に，ハローワークの窓口で，だいたいの振込時期を教えてもらえます。厚生労働省ホームページの「Q&A～育児休業給付～」では，「おおむね支給決定日から1週間程度」となっています。

● 出産手当金や育児休業給付金には，税金はかかるのですか。

健康保険の給付や，雇用保険の失業等給付には，税金がかかりません。

【マイナンバーの重要ポイント③　受け取ったマイナンバーの管理】

マイナンバーの提供を受けた後は，どのように管理すればよいのでしょうか。ここでは，「場所」「保管」「廃棄・削除」に注目してみましょう。

＜マイナンバーを取り扱う場所に制限はあるのか＞

マイナンバーが含まれる個人情報を，「特定個人情報」といいます。特定個人情報を検索しやすく整理すると，「特定個人情報ファイル」と呼ばれます。いずれも，漏洩しないように，しっかりと管理しなくてはなりません。

個人情報保護委員会のガイドラインでは，特定個人情報ファイルが置かれる部屋への入退室を管理すること，持ち込む機器を制限することなどが例示されています。また，特定個人情報を取り扱う事務は，来客から見えないようにして行わなければなりません。その事務に携わらない人から覗き見されないような座席配置も必要となります。

＜マイナンバーが記載された書類を保管する期間は定められているのか＞

保管する期間は，それぞれの書類の保存期間に従います。たとえば，健康保険・厚生年金保険では，事業主が書類を保存する期間は２年間です。この期間は，マイナンバーを記載したまま（読める状態で）保存することとなります。

＜マイナンバーの廃棄・削除はいつ行えばよいのか＞

マイナンバーが記載された書類について保存期間が過ぎたときは，マイナンバーを，できるだけ速やかに廃棄または削除しなければなりません。これは，マイナンバーの部分だけを，読めない状態まで塗りつぶすという方法も認められています。

○https://www.ppc.go.jp/legal/policy/　　個人情報保護委員会「特定個人情報の適正な取扱いに関するガイドライン」

第5章

医療・介護に関する手続

26　健康保険被保険者家族療養費支給申請書

〔使う時期〕医療費の立替払いをしたとき
〔記入する際の注意点〕負傷の場合は，負傷原因届を添付する
〔提出時期〕準備でき次第（健保の給付は2年の消滅時効に注意，以下同じ）
〔提　出　先〕全国健康保険協会または健康保険組合

【人事労務担当者は，ここに気をつけて！】

　入社した人が，「被保険者資格証明書」を使わずに，とりあえず古い被保険者証を使って，病院にかかることがあります。古い被保険者証とは，たとえば国民健康保険の被保険者証です。

　病院の窓口で支払うお金は，健康保険も国民健康保険も基本的に医療費の3割なので，一見問題がなさそうです。しかし，医療保険の「保険者」が違うため，**「もう使えないはずの被保険者証を使ってしまった」**ことになります。

　この場合に，その人のところには，しばらく経ってから，「国民健康保険にお金を返してください」という通知があります。従業員に「こんな物が届いたんですが」と言われたときには，「まず，国民健康保険にお金を払ってください。その後に，その支払の控えを添付して，健康保険に請求しましょう」と伝えてください。これが，「療養費」の支給申請の一例です。

　また，**骨折等の治療でギプス等を作った場合**には，いったん，医療費の10割を払います。後日，その領収書を添付して，療養費の支給申請をすると，原則として約7割が支払われます。

【社労士は，ここを確認して！】

　ここには，ギプス等を作った場合の記入例を載せてあります。ギプス，コルセットなどをまとめて「装具」と呼んでいますが，装具の場合は，それが必要となった理由等を書いた書面があります。傷病名，診療を受けた医療機関等の名称・所在地・医師等の氏名，療養に要した費用の額，診療の内容は，その書面や領収書からわかります。

○https://www.kyoukaikenpo.or.jp/g3/cat310/sb3110/r137　　全国健康保険協会「医療費の全額を負担したとき」

第5章 医療・介護に関する手続

健康保険 被保険者・家族 療養費 支給申請書（治療用装具） 2ページ（被保険者記入用）

申請内容

被保険者氏名：健保 次郎

項目	内容
① 受診者	1（1.被保険者 2.家族(被扶養者)）
①-① 家族の場合はその方の	氏名：／　生年月日：☑昭和 □平成　52年 3月 10日
② 傷病名	左膝関節靱帯損傷
③ 発病または負傷年月日	平成30年 4月 7日
④ 発病の原因および経過（詳しく）	2（1.病気 2.ケガ→負傷原因届を併せてご提出ください。）（原因および経過）

⑤ 診療を受けた医療機関等の

名称	所在地	診療した医師等の氏名
サンシャイン病院	さいたま市浦和区△△3-×-×	日向 明子

項目	内容
⑥ 診療を受けた期間	平成 30 04 07 から 平成 30 04 07 まで　日数 1日
⑥-① 上記の期間に入院していた場合は、その期間	（平成）　年　月　日　から　（平成）　年　月　日　まで　日数　日
⑦ 装具等の装着について指示を受けた日	（平成）　年　月　日
⑧ 療養に要した費用の額	23,000 円
⑨ 診療の内容	左膝用装具の装着
⑩ 療養費の支給申請の理由	5（5.治療用装具を作成したため）

様式番号　661218

全国健康保険協会　協会けんぽ

27　健康保険高額療養費支給申請書

〔使う時期〕病院での窓口負担が限度額を超えたとき
〔記入の際の注意点〕支払った金額を確認してから記入する（領収書の添付は不要）
〔提出時期〕月単位で請求する
〔提 出 先〕全国健康保険協会または健康保険組合

【人事労務担当者は，ここに気をつけて！】

　高額療養費は，健康保険の給付の中でも，比較的よく知られている給付です。ただ，標準報酬月額によって，次のように自己負担限度額が異なります。**自己負担限度額を超えた額**が，被保険者の口座に振り込まれます。

① 26万円以下　　　　　57,600円
② 28万円〜50万円　　　80,100円＋（医療費−267,000円）×1％
③ 53万円〜79万円　　　167,400円＋（医療費−558,000円）×1％
④ 83万円以上　　　　　252,600円＋（医療費−842,000円）×1％

（このほか，低所得者の場合や70歳以上の場合，年4回以上高額となった場合等については，それぞれ限度額が設定されています）

【社労士は，ここを確認して！】

　高額療養費の支給申請には，病院等の領収書を添付する必要はありません。ただし，社労士が提出を代行する以上，何も確認せずに支給申請をするわけにはいきません。高額療養費の支給申請を依頼されたときは，病院等の領収書を，コピーかFAXでよいので，見せてもらいましょう。**1か月分が何枚かに分かれているとき**や，**複数の病院等にかかっているとき**は，すべて見せてもらってください。長期の療養となる人については，**月が変わるごとに領収書を依頼すると**，手続がスムーズです。

　病院の領収書は，様式がさまざまで，前払いしたお金なども記載されているので，自己負担額の確定に迷うことがあります。どの金額を記入すればよいかわからないときは，協会けんぽの窓口で相談してみるとよいでしょう。

　なお，けがの場合は「負傷原因届」の提出も必要です。

第5章　医療・介護に関する手続

健康保険 被保険者 被扶養者 世帯合算 高額療養費 支給申請書

被保険者記入用（2ページ）

※支給決定まで、診療月後3か月以上かかります。

申請内容

被保険者氏名：保険 和子

① 診療月
平成 30 年 3 月

左記の診療月について、受診者ごと（医療機関、薬局、入院・通院別等）にご記入ください。

② 受診者
1: 1.被保険者 / 2.家族（被扶養者）

家族の場合はその方の
- 氏名：
- 生年月日：□昭和 □平成　年　月　日

③ 療養を受けた医療機関・薬局の
- 名称：サンシャイン病院
- 所在地：さいたま市浦和区△△3-×-×

④ 病気・ケガ（負傷）の別
2: 1.病気（異常分娩含む） / 2.ケガ（負傷）

療養を受けた期間
（平成）30 03 05 から 31 まで

入院通院の別
1: 1.入院 / 2.通院・その他

⑤ 支払った額のうち、保険診療分の金額（自己負担額）
212,760 円

自己負担額が不明の場合は支払った総額：　　円

⑥ 他の公的制度から、医療費の助成を受けていますか
2: 1.はい / 2.いいえ

はいの場合：
- 助成を受けた制度の名称：
- 自己負担分の助成の内容：1.全額助成 / 2.一部自己負担あり※

⑦ 限度額適用認定証（限度額適用・標準負担額減額認定証）使用の有無
1.有 / 2.無

※一部自己負担ありの場合、領収書の添付が必要になります。

①の診療月以前1年間に、高額療養費に該当する月が3か月以上ある場合、直近3か月分の診療月をご記入ください。

⑧ 診療月
1 平成　年　月　　2 平成　年　月　　3 平成　年　月

被保険者本人が市区町村民税非課税者の場合は、この欄に市区町村長より証明を受けるか、「(非)課税証明書」の交付を受け原本を添付してください。
(4月から7月診療分については、前年度の課税に関する証明を、8月から翌年3月診療分については当年度の課税に関する証明を受けてください。)
※他の申請において、今回の申請に必要な証明または(非)課税証明書をすでに提出されている場合は、改めて証明や添付いただく必要はありません。

市区町村長が証明する欄：当該被保険者は平成　年度の市区町村民税が課されないことを証明します。　市区町村長名　㊞

様式番号：6 4 1 2 1 0

全国健康保険協会　協会けんぽ

28　健康保険限度額適用認定申請書

〔使う時期〕医療費の自己負担が高額になると予想されるとき
〔記入するときの注意点〕送付希望先と療養予定期間を確認する
〔提出時期〕使用したい月に入ってから提出する
〔提　出　先〕全国健康保険協会または健康保険組合

【人事労務担当者は，ここに気をつけて！】

　従業員が，入院して欠勤するような場合には，収入の心配と，医療費の心配が生じます。収入は，傷病手当金で1日当たり直近1年間の標準報酬月額平均額の30分の1の3分の2が補填されます。医療費については，「限度額適用認定証」を申請しておくと安心です。
　限度額適用認定証を病院に提示すると，**窓口での支払いが，その人の標準報酬月額に応じて算出された限度額まで**となります。たとえば，平成30年9月にかかった医療費が，全額で100万円とします。この例の健康良雄さんの標準報酬月額が47万円だとすると，限度額は次のようになります。

① 　標準報酬月額が28万円から50万円までの間なので，「**80,100円＋(医療費－267,000円)×1％**」と計算する。
② 　医療費が100万円の場合は，「80,100円＋(100万円－267,000円)×1％」となり，その結果，87,430円が自己負担限度額となる。
③ 　限度額適用認定証があれば，病院の窓口では87,430円までを支払えばよい（ただし，**食事代や差額ベッド代は別途支払う**）。

【社労士は，ここを確認して！】

　限度額適用認定証の有効期間は，**申請書を受け付けた日の属する月の1日**（資格を取得した月の場合は資格取得日）から，**最長で1年間**です。長期の療養だとわかっている場合には，最初から最長で申請することができます。その場合は，1年後に，再び申請する必要があるかどうかを，早めに確認して準備をしましょう。「来年の予定」として，わかりやすいところに書いておくとよいでしょう。
〇https://www.kyoukaikenpo.or.jp/g3/cat310/sb3020/r151　　全国健康保険協会「医療費が高額になりそうなとき」

健康保険 限度額適用認定 申請書

被保険者記入用

記入方法等については、「健康保険 限度額適用認定 申請書 記入の手引き」をご確認ください。
申請書は、楷書で枠内に丁寧にご記入ください。　記入見本 `0 1 2 3 4 5 6 7 8 9 ア イ ウ`

被保険者情報

被保険者証の（左づめ）
- 記号：1 2 3 4 X X X
- 番号：1 0
- 生年月日：☑昭和 □平成　40 0 7 12

氏名・印：（フリガナ）ケンコウ　ヨシオ　　健康　良雄　㊞（健康）
※自署の場合は押印を省略できます。

住所：〒332-XXXX　埼玉（都道府県）川口市002-X-X

電話番号（日中の連絡先）：TEL 048（XXX）XXXX

認定対象者欄

療養を受ける方（被保険者の場合は記入の必要がありません。）
氏名：
生年月日：□昭和 □平成　年　月　日

療養予定期間：平成 30 年 9 月 ～ 平成 30 年 10 月
※申請月の初日から最長で1年間となります。なお、申請月の初日より前に遡及はできません。

送付希望先

上記被保険者情報に記入した住所と別のところに送付を希望する場合にご記入ください。

住所：〒　－　　（都道府県）
電話番号（日中の連絡先）：TEL（　）
宛名：

申請代行者欄

「申請代行者欄」は、被保険者以外の方が申請する場合にご記入ください。

氏名・印：　　　　　　㊞
被保険者との関係：
申請代行の理由：□被保険者本人が入院中で外出できないため。 □その他（　　　）

電話番号（日中の連絡先）：TEL（　）

※限度額適用認定証の送付先または、申請書を返戻する場合の送付先は、被保険者住所または送付を希望する住所となりますので十分ご注意ください。

上記のとおり健康保険限度額適用認定証の交付を申請します。　平成 30 年 9 月 20 日

被保険者のマイナンバー記載欄
（被保険者証の記号番号を記入した場合は記入不要です）
マイナンバーを記入した場合は、必ず本人確認書類を添付してください。

社会保険労務士の提出代行者名記載欄　㊞

受付日付印 (29.7)

様式番号：2 3 0 1 1 7

協会使用欄：1

全国健康保険協会　協会けんぽ

(1/1)

29　健康保険傷病手当金支給申請書

〔使う時期〕傷病による療養のため，続けて4日以上働けず，賃金が支払われないとき
〔記入する際の注意点〕療養担当者の記入欄の内容を確認すること
〔提出時期〕働けなかった期間が含まれる給与計算の後
〔提 出 先〕全国健康保険協会または健康保険組合

【人事労務担当者はここに気をつけて！】

　傷病手当金は，仕事・通勤以外が原因の傷病の療養のため，続けて4日以上休み，賃金が出ないときに支給されます。全国健康保険協会の書式は全部で4ページですが，ここでは，勤務状況や病院の証明欄についてみてみましょう。

　「勤務状況」は，出勤，年次有給休暇，公休，欠勤を区別して記入します。特に，**年次有給休暇を取得した日がわかるようにしておいてください**。働けない最初の3日間は，年次有給休暇でもかまいません（☞Q＆A）。

　賃金支給状況の部分も，賃金台帳（給与明細）を見ながら，注意深く記入しましょう。傷病手当金は，傷病手当金の支給額以上の額の賃金が支給されている日については，支給されません。

　賃金支給状況を記入している途中で，計算ミスに気づくこともあるでしょう。その場合は，**正しい計算による金額と差額を確定**し，保険者に説明してください。説明のために賃金台帳のコピーを添付したり，説明を付箋に書いて貼り付けたりしてもよいでしょう。

　提出後は，主に賃金支給状況について，保険者から問い合わせが来ることがあります。たとえば，特定の業種に特有の手当は，他の業種の人にとっては，わかりにくいものです。**保険者からの問い合わせは普通にあること**ですから，落ち着いて対応してください。

　欠勤が長期にわたる人については，賃金の締切日ごとに区切って支給申請をする流れを作ると，欠勤している従業員が安心できます。

〇https://www.kyoukaikenpo.or.jp/g6/cat620/r307　全国健康保険協会「傷病手当金について」

第5章　医療・介護に関する手続

【社労士は，ここを確認して！】

　社労士が傷病手当金の支給申請手続を依頼された場合には，たとえば次の流れで進行していきます。

① 欠勤する期間を聞き，全期間まとめて支給申請をするか，賃金締切日ごとに区切るか，を確認する。

② 支給申請書に，氏名，生年月日，被保険者証の記号・番号等を記入し，人事労務担当者に預ける（**預ける物のコピーをとっておく**）。申請の対象となる期間が過ぎたら医師の意見を書いてもらうように，**付箋等でわかりやすくメモを付ける**。

③ 人事労務担当者から支給申請書が返送される。届いたら，まず**医師の意見のページを確認する**。記入漏れがあるときは保険者に相談し，必要であれば病院に連絡をし，記入を依頼する。郵送ですぐに対応してくれることが多いが，病院によっては，指定の日に行かないと記入してくれないこともある。

④ 支給申請期間の分の給与計算が終わったら，支給申請書に，賃金支給状況等を記入する。このとき，**タイムカードと照らし合わせる**ことを忘れないようにする。計算が合わないところを見つけたら，担当者に問い合わせる。

⑤ すべての欄の記入が済んだら，社会保険労務士の提出代行印を押した後にコピーをとる。このコピーは，**確かに提出した証拠になる**とともに，雇用保険の離職証明書の資料となることもある。

　③は，それほど珍しいことではありません。支給申請書を，いったん人事労務担当者に返すという方法もありますが，その場合は提出までに何日か余計にかかります。病院は，社会保険労務士に対してきちんと対応してくれますので，直接病院に連絡することをおすすめします。

　なお，医師の意見を見てはじめて，**「実は業務災害（通勤災害）だった」**とわかることもあります。その場合は，人事労務担当者にあらためてよく話を聞き，労災保険の休業補償給付（通勤災害なら休業給付）等の手続をしましょう。

○https://www.kyoukaikenpo.or.jp/g2/cat230/r124　　全国健康保険協会「傷病手当金支給申請書　申請書様式・添付書類」

健康保険 傷病手当金 支給申請書

事業主記入用

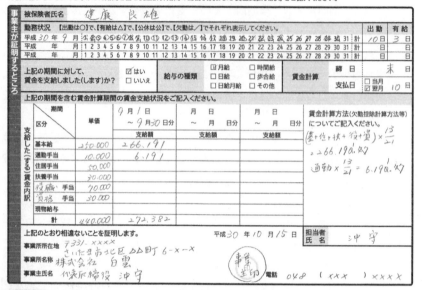

記入例

健康保険 傷病手当金 支給申請書

1 2 3 **4**

療養担当者記入用

療養担当者が意見を記入するところ	患者氏名	健康　良雄			
	傷病名	(1)左大腿骨頸部骨折 (2) (3)	初診日 （療養の給付 開始年月日）	(1)平成　30　年　9　月　18　日 (2)平成　　年　　月　　日 (3)平成　　年　　月　　日	
	発病または 負傷の年月日	平成 30 年 9 月 18 日　□発病 ☑負傷	発病または 負傷の原因	自宅にて転倒	
	労務不能と 認めた期間	平成 30 年 9 月 18 日から 平成 30 年 9 月 30 日まで 13 日間			
	うち入院期間	平成 30 年 9 月 18 日から 13 日間 平成 30 年 9 月 30 日まで 入院	療養費用の別	☑健保 □公費(　) □自費 □その他	転帰 □治癒 □中止 ☑繼越 □転医
	診療実日数 （入院期間を含む） 13 日	診療日及び入 院していた日 を○で囲んで ください。	9 月 1 2 3 4 5 6 7 8 9 10 11 12 13 14 15 16 17 ⑱⑲⑳㉑㉒㉓㉔㉕㉖㉗㉘㉙㉚ 31		
			月 1 2 3 4 5 6 7 8 9 10 11 12 13 14 15 16 17 18 19 20 21 22 23 24 25 26 27 28 29 30 31		
			月 1 2 3 4 5 6 7 8 9 10 11 12 13 14 15 16 17 18 19 20 21 22 23 24 25 26 27 28 29 30 31		
	上記の期間中における「主たる症状および経過」「治療内容、検査結果、療養指導」等〔詳しく〕	9月18日、自宅にて転倒し受診、入院加療。 約1か月の入院が必要である。		手術年月日 平成　　年　　月　　日 退院年月日 平成　　年　　月　　日	
	症状経過からみて従来の職種について労務不能と認められた医学的な所見	骨折した部位が固定するまで安静が必要であり労務不能である。			
	人工透析を実施 または人工臓器 を装着したとき	人工透析の実施または 人工臓器を装着した日 □昭和 □平成 年 月 日	人工臓器等 の種類	□人工肛門 □人工関節 □人工骨頭 □心臓ペースメーカー □人工透析 □その他(　)	
	上記のとおり相違ありません。 医療機関の所在地 さいたま市浦和区△△3-x-x 医療機関の名称 サンシャイン病院 医師の氏名 日向　明子			平成 30 年 10 月 3 日 ㊞（日向） 電話 048 (xxx) xxxx	

記入例

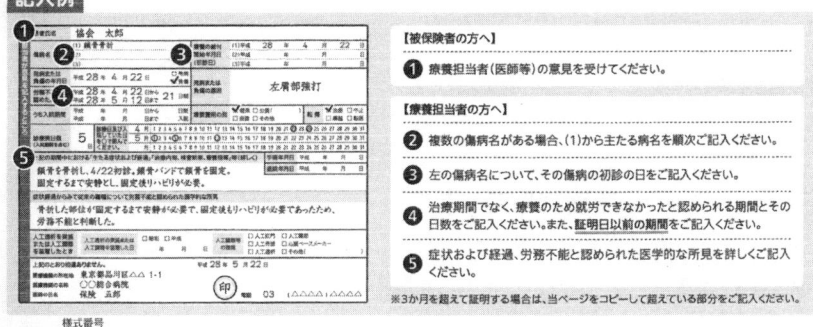

【被保険者の方へ】

❶ 療養担当者（医師等）の意見を受けてください。

【療養担当者の方へ】

❷ 複数の傷病名がある場合、(1)から主たる病名を順次ご記入ください。

❸ 左の傷病名について、その傷病の初診の日をご記入ください。

❹ 治療期間でなく、療養のため就労できなかったと認められる期間とその 日数をご記入ください。また、証明日以前の期間をご記入ください。

❺ 症状および経過、労務不能と認められた医学的な所見を詳しくご記入 ください。

※3か月を超えて証明する場合は、当ページをコピーして超えている部分をご記入ください。

様式番号

6	0	1	4	1	2

🅿 全国健康保険協会 協会けんぽ

(4/4)

30 健康保険被保険者家族埋葬料支給申請書

〔使う時期〕被保険者が死亡したとき／被扶養者が死亡したとき
〔記入する際の注意点〕死亡日は書面で確認してから記入する
〔提出時期〕準備でき次第
〔提 出 先〕全国健康保険協会または健康保険組合

【人事労務担当者は，ここに気をつけて！】

　被保険者が死亡したときは，一定の遺族に埋葬料が支給されます。支給額は，5万円です。被扶養者が死亡したときは，家族埋葬料が支給されます。

　埋葬料支給申請書は，記入する欄は少ないのですが，**死亡年月日**の欄は，慎重に記入しなければなりません。

　支給申請をするときは，**事業主の証明があれば，添付書類は不要**とされています。しかし，「事業主が死亡年月日を確認しなくてよい」わけではないのです。事業主の証明がない場合は，次のいずれかの書類を添付することとされていますから，これを参考にして，正確な死亡年月日がわかるものを用意しましょう。

- 埋葬許可証のコピー
- 火葬許可証のコピー
- 死亡診断書のコピー
- 死体検案書のコピー
- 検視調書のコピー
- 死亡した人の戸籍（除籍）謄（抄）本
- 住民票

【社労士は，ここを確認して！】

　埋葬料の支給申請をするときには，並行して，保険者に**健康保険の被保険者証を返す手続**も発生します。被保険者の資格を喪失する日は，死亡日の翌日です。死亡年月日を正しく把握しないと，場合によっては**最後の保険料が不足したり，反対に多く納めすぎたり**します。遺族が何かと大変な時期が続くため，**被保険者証がすぐに返却されない場合**もあります。社労士としては，必要なことを人事労務担当者に伝え，埋もれた案件にならないように注意してください。

第5章 医療・介護に関する手続

健康保険 被保険者/家族 埋葬料（費）支給申請書

ページ 2（被保険者・事業主記入用）

被保険者氏名 大宮 辰男

申請内容

死亡年月日	死亡原因	第三者の行為によるものですか
死亡した方の 平成 30 年 9 月 14 日	脳出血	□はい ☑いいえ 「はい」の場合は「第三者行為による傷病届」を提出してください。

● 家族（被扶養者）が死亡したための申請であるとき

| ご家族の氏名 | 大宮 麗子 | 生年月日 | ☑昭和 □平成 22 年 9 月 10 日 | 被保険者との続柄 | 妻 |

亡くなられた家族は、退職などにより健保組合などが運営する健康保険の資格喪失後に被扶養者の認定を受けた方であって、次のいずれかに当てはまる方ですか。
①資格喪失後、3か月以内に亡くなられたとき
②資格喪失後、傷病手当金や出産手当金を引き続き受給中に亡くなられたとき
③資格喪失後、②の受給終了後、3か月以内に亡くなられたとき

[2]　1.はい　2.いいえ

「はい」の場合、家族が被扶養者認定前に加入していた健康保険の保険者名と記号・番号をご記入ください。

保険者名
記号・番号

● 被保険者が死亡したための申請であるとき

| 被保険者の氏名 | 被保険者からみた申請者との身分関係 | 埋葬した年月日 | 平成　年　月　日 |

| 埋葬に要した費用の額 | 円 | 法第3条第2項被保険者として支給を受けた時はその金額（調整減額） | 円 |

亡くなられた方は、退職などによる協会けんぽの被保険者資格の喪失後、家族の被扶養者となった方であって、次のいずれかに当てはまる方ですか。
①資格喪失後、3か月以内に亡くなられたとき
②資格喪失後、傷病手当金や出産手当金を引き続き受給中に亡くなられたとき
③資格喪失後、②の受給終了後、3か月以内に亡くなられたとき

[ ]　1.はい　2.いいえ

「はい」の場合、資格喪失後に家族の被扶養者として加入していた健康保険の保険者名と記号・番号をご記入ください。

保険者名
記号・番号

事業主証明欄

| 死亡した方の | 氏名 大宮 麗子 | 被保険者・被扶養者の別 被保険者・(被扶養者) | 死亡年月日 平成 30 年 9 月 14 日 死亡 |

上記のとおり相違ないことを証明する　平成 30 年 9 月 28 日

事業所所在地　〒350-××××　川越市 △△町 3-×-×
事業所名称　　SK商事 株式会社
事業主氏名　　代表取締役 大宮太郎　㊞　TEL 049（×××）××××

様式番号 6 3 1 2 1 1

全国健康保険協会 協会けんぽ

(2/2)

31 介護休業給付金支給申請書

〔使う時期〕雇用保険の被保険者が介護休業をしたとき
〔記入する際の注意点〕金融機関の確認印欄は，通帳コピーが代わりになる
〔提出時期〕休業終了日の翌日から2か月を経過する日の属する月の末日まで
〔提　出　先〕事業所の所在地を管轄する公共職業安定所

【人事労務担当者は，ここに気をつけて！】

　介護休業は，育児・介護休業法に規定されています。日数は同一の対象家族について最高で通算93日で，3回までは分割して取得することができます。

　介護休業期間中は賃金が出ないのが普通なので，雇用保険から，介護休業給付が支給されます。支給額は，当分の間1日当たり，休業開始前の1日の賃金額の67％です。

　介護休業給付を受給するには，休業の申出が法定どおり行われている必要があります。支給申請には，**介護休業申出書**を添付します。また，介護休業をした従業員と，介護を受けた人の続柄等を証明するため，**住民票**等を添付します。

　従業員から介護休業について相談があったときは，まずは介護休業申出書を書いてもらってください。**介護休業給付の支給申請ができるかどうかを話すのは，受給資格を確認してからのほうがよいでしょう**。介護休業給付を受給するには，原則として，**休業開始日前2年間に，賃金支払基礎日数が11日以上の期間が，通算して12以上あること**が必要です。

【社労士は，ここを確認して！】

　ここでは，平成30年4月20日まで介護休業を取得した人の例を記入してあります。この場合の支給申請期限は，平成30年6月30日です。支給申請のときには，育児休業と同じように，**「休業開始時賃金月額証明書」**も作成します。賃金の内容とタイムカードの内容を照らし合わせ，疑問が生じたときはすぐに会社に問い合わせましょう。

○https://www.mhlw.go.jp/stf/seisakunitsuite/bunya/0000158665.html
　厚生労働省「Q＆A～介護休業給付～」

第5章 医療・介護に関する手続

介護休業給付金支給申請書

様式第33号の6 (第101条の19関係) (第1面)

(必ず第2面の注意書きをよく読んでから記入してください。)

帳票種別	1 4 6 0 1	1.介護休業被保険者の個人番号	× × × × × × × × × × × ×

2.被保険者番号: 5××× - ×××××× - ×
3.資格取得年月日: 4 - 170401 (平成)
4.事業所番号: 11×× - ×××××× - ×
5.姓(漢字): 雇用
6.名(漢字): 恵美
7.介護休業開始年月日: 4 - 300206
8.介護対象家族の個人番号: ×××××××××××
9.介護対象家族の姓(カタカナ): ヨヨウ
10.介護対象家族の名(カタカナ): ミチコ
11.続柄: 2 (2休業)
12.休業回数: 2
13.介護対象家族の姓(漢字): 雇用
14.介護対象家族の名(漢字): 美知子
15.介護対象家族の生年月日: 3 - 231010 (昭和)
16.支給対象期間その1(初日~末日): 4 - 300206 - 0305
17.全日休業日数: 28
18.支払われた賃金額: 0
19.支給対象期間その2(初日~末日): 4 - 300306 - 0405
20.全日休業日数: 31
21.支払われた賃金額: 0
22.支給対象期間その3(初日~末日): 4 - 300406 - 0420
23.全日休業日数: 15
24.支払われた賃金額: 0
25.介護休業終了年月日: 4 - 300420
26.終了事由: 1 (職場復帰)

平成30年6月1日
事業所所在地・電話番号: 川越市△△町3-×-× 049-×××-××××
事業主氏名: SK商事株式会社 代表取締役大宮太郎

平成30年5月31日 川越 公共職業安定所長 殿
住所: 坂戸市△△1-7-201
申請者氏名: 雇用 恵美 (コヨウ エミ)

払渡希望金融機関: △△銀行 坂戸 支店
金融機関コード: ××××
店舗コード: 0××
口座番号(普通): 7×××××

2017.10

《傷病手当金に関するＱ＆Ａ》

● 傷病手当金の具体的な流れと，同時に発生する手続について，まとめて説明してください。

　病気の治療のために入院し，平成30年１月16日から約３か月間休むことになった人の例で考えてみましょう。賃金締切日は月末，賃金支払日は翌月10日とします。

(1) 限度額適用認定証の準備をする

　まず，「限度額適用認定証」の手配をしましょう。申請書は，療養予定期間がわかれば完成します。有効期間は受付月の１日からなので，たとえば平成30年１月９日に「16日から入院する」と相談された場合は，すぐに申請書を提出できます。

　交付された限度額適用認定証は，他に送付先の希望がなければ，従業員の住所に届きます。一人暮らしの場合は留守になってしまいますから，会社など別の場所を指定しましょう。

(2) 傷病手当金の準備をする

　傷病手当金の支給申請をする時期を確認しましょう。職場復帰してからまとめて支給申請する方法もありますが，１月末日まで，２月末日まで……と区切ることもできます。従業員の希望を聞きながら，傷病手当金支給申請書を準備しましょう。被保険者証の記号・番号，氏名，生年月日を記入してから渡すと，従業員やその家族の手間が省けます。

(3) 社会保険料の被保険者負担分について確認しておく

　傷病手当金を受給して欠勤している間も，健康保険・介護保険・厚生年金保険の保険料は発生します。会社は，保険料を毎月納付しなければなりません。従業員が長期にわたって休むときは，一時的に会社が立て替えることになるでしょう。保険料のうち，従業員が負担する分をいつ預かるのか，事前に話し合っておきましょう。

　人事労務担当者と給与計算担当者が異なるときは，欠勤している従業員について，細かく打ち合わせることも大切です。

(4) 傷病手当金の初回の支給申請をする

　この事例では，平成30年2月10日支払（平成30年1月1日〜1月31日の分）の給与計算が済めば，傷病手当金の，初回の支給申請ができます。医師の意見が記入された支給申請書が届き，その内容に特に問題がなければ，賃金支給状況等を記入していきます。

　完成したら，コピーをとって提出しましょう。提出した日を記録しておくことも重要です。

　2回目以降の支給申請書は，出勤・賃金ともゼロであれば，1回目よりも短時間で仕上げることができるでしょう。

● 年次有給休暇が残っているため，休業の最初の方は有休消化となる場合には，医師の意見はどの期間について書いてもらえばよいですか。

　年次有給休暇がたくさん残っている場合には，従業員の希望があれば，それをあてることもあります。そのとき，**年次有給休暇をあてた期間も含めて**，医師の意見を書いてもらうことを忘れないでください。次の例で，医師の意見が4月25日以降についてのみである場合には，4月25日から3日間は傷病手当金が支給されません。4月16日からの期間について医師の意見があれば，年次有給休暇が終わってから最初の日，つまり4月25日から支給対象となります。

　　最初の3日間は様子見の「待期」なので，支給対象とならない。
　　この期間は，有休でもよい。

● 傷病手当金や介護休業給付金に，税金はかかりますか。

　健康保険の給付や，雇用保険の失業等給付には，税金はかかりません。

● 同じ病気について，職場復帰した後に再び傷病手当金を受給することはできますか。

　最初に支給が開始された日から1年6か月の範囲内であれば，受給できます。

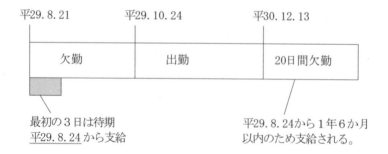

● 傷病手当金は，入社してからすぐに休んだときでも支給されますか。

　在職中の傷病手当金には，「入社してから〇か月経っていないと支給しない」という条件はありません。退職後に受給する場合には，健康保険に続けて1年以上入っていたことなどが求められます。

● 退職後に受給する傷病手当金について説明してください。

　退職日まで継続して1年以上健康保険に入っていて，退職の時点で傷病手当金を受給できる条件が整っていれば，退職後も傷病手当金が支給されます。在職中に3日間の待期が完成し，1日でも支給対象日があることが必要です。たとえば平成30年5月22日から労務不能となった人が，4日間欠勤して5月25日に退職した場合には，他の要件をみたせば退職後も傷病手当金が支給されます。しかし，5月24日に退職すると，支給されません。

　これを，次の図で確認してみましょう。

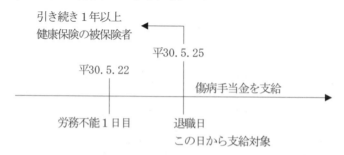

　上の図の場合に，5月22日から5月25日まで年次有給休暇を使った場合には，退職日の翌日からの分の傷病手当金が支給されます。

● 40歳の女性ですが，退職後の傷病手当金を受給している間に，家族の健康保険の被扶養者になることはできますか。

　傷病手当金の1日分の金額が3,611円以下で，他の要件をみたせば被扶養者になることができます。3,611円は，次の計算により算出された金額です。健康保険の被扶養者の年収要件に，原則130万円未満という基準があるためです。

　　1,300,000円÷360＝3,611.11

【年次有給休暇のポイント】

　年次有給休暇は，原則として継続勤務年数6年半以後は1年に20労働日付与とされています。しかし，所定労働日数・所定労働時間数が少ない人は，それよりも少ない付与日数とされています。

＜通常の付与日数＞

継続勤務年数	付与日数	継続勤務年数	付与日数
6か月	10労働日	4年6か月	16労働日
1年6か月	11労働日	5年6か月	18労働日
2年6か月	12労働日	6年6か月	20労働日
3年6か月	14労働日	7年6か月～	20労働日

＜比例付与＞

週所定労働日数4日以下，かつ，週所定労働時間数30時間未満の者

継続勤務年数	週4日勤務	週3日勤務	週2日勤務	週1日勤務
6か月	7労働日	5労働日	3労働日	1労働日
1年6か月	8労働日	6労働日	4労働日	2労働日
2年6か月	9労働日	6労働日	4労働日	2労働日
3年6か月	10労働日	8労働日	5労働日	2労働日
4年6か月	12労働日	9労働日	6労働日	3労働日
5年6か月	13労働日	10労働日	6労働日	3労働日
6年6か月～	15労働日	11労働日	7労働日	3労働日

（週以外で所定労働日数を定めている場合は年間216日以下で週30時間未満の場合に比例付与となるが，その場合の区分は省略している）

　年次有給休暇は，出勤率8割以上を満たしていれば，基準日に発生します。次の基準日までの間に途中で勤務形態が変わっても，一度付与された日数は変わりません。なお，基準日は，雇入れ日から6か月を経過した日，1年6か月を経過した日，……とみていきます。従業員の数によっては非常に煩雑になるため，4月1日など一律の基準日を定めて運用することもあります。

第6章

賃金に関する手続

32 健康保険 厚生年金保険 被保険者報酬月額算定基礎届

〔使う時期〕毎年7月
〔記入する際の注意点〕印字されていない人の届出漏れに注意する
〔提出時期〕7月10日まで
〔提 出 先〕年金事務所（事務センター郵送も可），健康保険組合

【人事労務担当者は，ここに気をつけて！】

　健康保険・介護保険・厚生年金保険の保険料は，標準報酬月額に応じて決まっています。標準報酬月額は，「1か月の賃金総額の見込みが29万円以上31万円未満なら30万円」など数千円から数万円ごとに区分され，年に1回一斉に見直しを行います。この見直しのために提出するのが，算定基礎届です。提出期限は7月10日ですが，**保険料が変わるのは10月支払の給与計算から**となります。

　算定基礎届には，4月支払いから6月支払いまでの3か月分のそれぞれの支給総額と，その支払いの基礎となった日数を記入します。たとえば，賃金締切日が月末で賃金支払日が翌月5日の場合には，4月5日支払い，5月5日支払い，6月5日支払いの3か月分です。

　記入する金額は，社会保険料や税金を引く前のものです。一般に「総支給額」と呼ばれていますが，この総支給額だけを見て記入するのは危険です。**臨時的な支払い，遡り昇給分の差額などがないかどうか，一人一人の給与明細を見ながら**進めていきましょう。

　ときには，従前の標準報酬月額に比べ，2等級以上高い（低い）標準報酬月額となることもあります。固定的賃金の変動による「報酬月額変更届」の提出が遅れている場合は，急いで提出しましょう。

　出産，育児，傷病等により3か月とも支払いがない人は，その理由を備考欄に記入します。この場合には，従前と同じ標準報酬月額となります。

【社労士は，ここを確認して！】

　社労士は，都道府県によっては，委託されている会社の分の算定基礎届の用紙を，一括して預かることができます。用紙が届いたら，印字されている内容を，初めて見るつもりでチェックしましょう。標準報酬月額は，印字した日までの分

しか反映されていないので、その後の変更がある人については修正してください。

　また、**新入社員の届出漏れがないように**、くれぐれも注意しましょう。5月31日までに入社した人は、原則として全員が算定基礎届の対象です（☞Q＆A）。

　印字内容の確認と並行して、総括表の「被保険者状況」、「勤務状況」の内容の確認を早めに進めてください。これは、一般従業員の勤務状況と、パートタイマー等のうち被保険者となっていない人の勤務状況を比較し、**加入漏れがないかどうかを調査する**ものです。

　被保険者となっていない人の内訳は、人数が多い会社では、確認に時間がかかります。年に1回だけのことですから、人事労務担当者からは、「去年はどう書いたでしょう」と尋ねられる場合があります。**前年の資料をすぐに取り出せるようにしておく**と、あわてずに済みます。

　算定基礎届の提出時には、**全ての提出物のコピー**をとりましょう。後日、日本年金機構から、届の内容をコンピューター処理した控えが届きます。これが届けばひとまず安心ですが、そのまましまいこまずに内容を確認しましょう。算定基礎届の記入内容は、コンピューターに直接読み込まれるわけではありません。ほかの届出もそうですが、人間が入力するわけですから、（ごくまれにですが）間違うこともあります。念入りに点検し、万が一違っているときは、日本年金機構に早めに連絡をしてください。

　会社には、**10月支払いの給与計算に間に合うように**、新しい標準報酬月額による保険料をお知らせします。9月支払いの給与計算が終わる頃までには、知らせておくようにしましょう。

　なお、標準報酬月額や賞与に関することは、厚生年金基金に加入している場合は厚生年金基金にも届出が必要です。

○http://www.nenkin.go.jp/service/kounen/hokenryo-kankei/hoshu/ 20141104-01.html　　日本年金機構「算定基礎届の提出」

第6章　賃金に関する手続

被保険者報酬月額算定基礎届
―総括表―

様式コード 2229
健康保険／厚生年金保険

平成 30 年 7 月 5 日提出

提出者記入欄

- 事業所整理記号：○○ ｲ1　事業所番号：110
- 事業所所在地：〒000-0000　□□市××町 10-20-2
- 事業所名称：株式会社 年金住宅
- 事業主氏名：代表取締役 年金章一
- 電話番号：△△△(△△△)△△△△

社会保険労務士記載欄　氏名等

項目	内容
業態区分の変更の有無	⓪ 無　1. 有
事業の種類	不動産売買
適用形態	① 支社(支店)、工場、出張所等の複数の事業所を有している。 ⓪ いいえ　1. はい
法人番号	1 ××××××××××

被保険者状況

- 7月1日現在の被保険者総数：5 人
- 5月19日現在の被保険者数：男性 4人　女性 1人　計 5人
- 算定基礎届対象者数：5 人

勤務形態	人数	59歳以下	60～69歳	70歳以上
パート等（週20時間以上勤務）		1人		
アルバイト等（週20時間未満勤務）				
外国人労働者				
その他（役員・嘱託等）				

7月1日現在、賃金・報酬を支払っている人のうち被保険者となっていない人：2 人

- 請負契約：⓪ いない　1. いる
- 派遣労働者：⓪ いない　1. いる
- 海外勤務者：⓪ いない　1. いる

勤務状況

- 一般従業員の勤務状況：1カ月の勤務日数 21日　1週の勤務時間 37.5時間
- 一般従業員以外の方の平均的な勤務状況：1カ月の勤務日数 10日　1週の勤務時間 12時間　勤務(契約)期間 カ月・⦿定めなし

給与支払日：末日締切　⦿当月　翌月　末日払い　(役員・正職員・パート・アルバイト等)

昇給月(ベースアップ含む)：変更前の昇給月　昇給月の変更の有無 ⓪ 無　1. 有

報酬等支払状況

- 固定的賃金：①基本給(月給)　2.基本給(日給)　3.基本給(時間給)　4.家族手当　⑤住宅手当　⑥役付手当　7.物価手当　⑧通勤手当　9.その他（営業手当）
- 非固定的賃金：①残業手当　2.宿日直手当　③歩合手当　4.生産手当　5.その他
- 現物給与：1.定期券(1カ月)　2.定期券(3カ月)　3.定期券(6カ月)　4.通勤回数乗車券　5.食事(朝昼夜)　6.住宅　7.被服　8.その他

賞与等：変更前の賞与支払予定月　賞与支払月の変更の有無 ⓪ 無　1. 有　年 2 回（7・12月）

33 健康保険 厚生年金保険 被保険者報酬月額変更届

〔使う時期〕固定的賃金の変動で標準報酬月額が原則2等級以上変わるとき
〔記入する際の注意点〕遡り昇給の差額等は含めない
〔提出時期〕速やかに
〔提 出 先〕年金事務所（事務センター郵送も可），健康保険組合

【人事労務担当者は，ここに気をつけて！】

　月給の基本給，家族手当，資格手当など，**固定的賃金の変動**があったときは，そこから3か月間の総支給額を平均し，標準報酬月額が変わるかどうかを判断します。日給単価や時給単価の変動も対象となりますが，**支払の基礎となった日数が17日未満（短時間労働者は11日未満）** の月があれば，この届出は不要です。

　3か月間の平均額で新たな標準報酬月額が決定されると，4か月めに「改定」となります。保険料は1か月遅れで徴収されるため，**給与計算上は5か月目から保険料が変わります**。ここに載せた例で，株式会社年金住宅の賃金支払日が毎月月末だとすると，保険料が変わるのは平成30年11月末日の支払いからです。

【社労士は，ここを確認して！】

　この届出を作成するときは，特に気をつけて給与明細の内容を見なければなりません。対象となる3か月だけでなく，その前の期間も，よく目を通しましょう。

　固定的賃金の変動といっても，「基本給は2万円あがったが，残業が少なかったので総支給額が大幅に少なくなった」「基本給は5万円下がったが，職務手当3万円と技能手当2万円がついた（**プラスマイナスがゼロ**）」「時給単価が900円から910円に上がったが，2か月目の出勤が15日で，短時間労働者ではない」など，さまざまな場合があります。これらは，いずれも，月額変更届の対象外です。**判断に迷うケース**があるときは，一人で悩まずに，**年金事務所の窓口等で相談し**てください。

○ http://www.nenkin.go.jp/service/kounen/hokenryo-kankei/hoshu/ 20141104-02.html　日本年金機構「月額変更届の提出」

第6章 賃金に関する手続

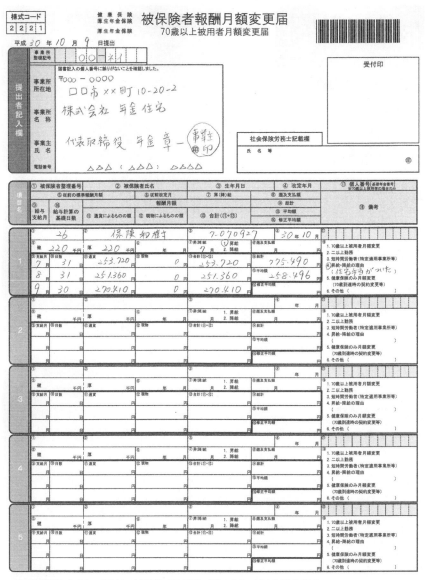

34　健康保険　厚生年金保険　被保険者賞与支払届

〔使う時期〕賞与を支払ったとき
〔記入する際の注意点〕印字されていない人の届出漏れに注意する
〔提出時期〕賞与の支払から5日以内
〔提　出　先〕年金事務所（事務センター郵送も可），健康保険組合

【人事労務担当者は，ここに気をつけて！】

　会社が健康保険・厚生年金保険に加入するときは，最初に，賞与の支払予定月等を登録します。たとえば，7月と12月と登録しておくと，支払予定月までに賞与支払届の用紙が届きます。被保険者の番号・生年月日・氏名等は印字されていますので，基本的には，金額だけを記入します。別紙の「総括表」には，賞与の総額や支給人数を記入し，あわせて提出します。**賞与の支払がなかったときは，「総括表」だけを提出**します。

　すでに資格喪失をした人が賞与支払届に印字されているときは，資格喪失年月日を書いた付箋を付けるとよいでしょう。また，**印字されていない人の届出漏れがないようにしてください**。

【社労士は，ここを確認して！】

　賞与には，毎月の給与計算と同じ率の保険料がかかります。このため，賞与支払月の後には，会社に，びっくりするような金額の保険料徴収の通知が届くことがあります。会社から問い合わせがあったときは，賞与の保険料額や，その頃の入社・退社の記録を調べ，保険料の内訳を確認しましょう。

　また，社労士は，賞与の計算を依頼されることがあります。**保険料控除の対象者を念入りに確認し，控除漏れがないようにしましょう**。計算に使える時間が短い場合でも，**パソコンの画面だけで金額を確認せず，印刷して，じっくり点検**してください。事務員を雇っている場合は，**2人で読み合わせをしましょう**。

　社労士事務所を何人でやっていくかは人それぞれですが，給与・賞与計算を引き受ける場合には，点検要員を置いたほうが安全です。

○http://www.nenkin.go.jp/service/kounen/hokenryo-kankei/hoshu/20141203.html　日本年金機構「従業員に賞与を支給したときの手続き」

第6章 賃金に関する手続

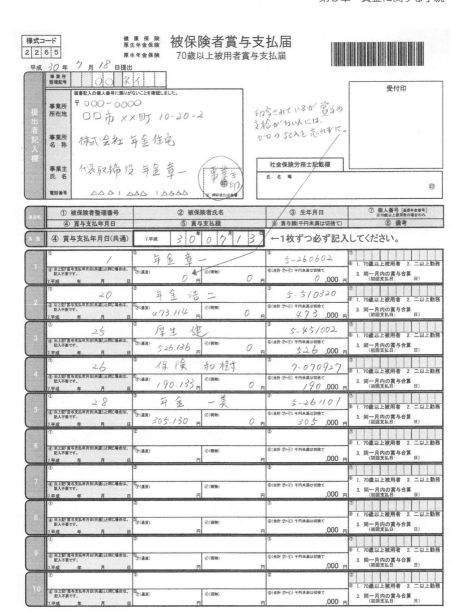

35　高年齢雇用継続給付支給申請書

〔使う時期〕65歳到達月までに賃金が60歳到達時の75％未満に下がったとき
〔記入する際の注意点〕初回は運転免許証の写し等，年齢を証明できるものを添付する
〔提出時期〕初回は賃金が低下した月の初日から4か月以内
〔提　出　先〕事業所の所在地を管轄する公共職業安定所

【人事・労務担当者は，ここに気をつけて！】

　雇用保険は，雇用を継続するための給付も行っています。その1つが，高年齢雇用継続給付です。高年齢雇用継続給付には，次の2種類があります。

・在職中に賃金が下がり，**60歳到達時の75％未満**となったとき ⇒ 高年齢雇用継続基本給付金（65歳到達月まで，最大で5年間支給）。

・雇用保険の基本手当を受給して60歳以後に再就職し，基本手当の残りが100日以上あり，再就職後の賃金が**前の賃金に比べて75％未満**であるとき ⇒ 高年齢再就職給付金（65歳到達月まで，最大で2年間支給）。

　定年再雇用などで賃金の変更があるときは，高年齢雇用継続給付の支給要件（5年以上雇用保険に入っていたことが必要）等を早めに確認してください。

【社労士は，ここを確認して！】

　社労士に相談が来るのは，従業員が60歳になってからではなく，**60歳になる前**です。早ければ従業員が58歳くらいの時点で，会社から相談されることがあります。その相談とは，「これから60歳になる○○さんについて，**賃金と高年齢雇用継続給付と年金の3つをあわせて，一番バランスのよい状態にしてあげたい**」というものです。この相談に返事をするためには，まず，年金額が必要です。従業員本人が年金事務所に行けば資料をもらって来ることができますが，社労士が代わりに行く場合もあります。

　老齢厚生年金は原則として65歳支給開始ですが，生年月日によっては60歳～64歳支給開始の人もいます。**老齢厚生年金を受給しながら厚生年金保険に入っている人は，60歳代前半は，「標準報酬月額＋賞与の1か月分」と年金の月額を足して28万円を超えると，年金の全部または一部が支給停止**されます（在職老齢年

金の仕組みによる支給停止）。賞与は，直近1年間に支給されたものを用います。

さらに，**高年齢雇用継続給付の受給によって，老齢厚生年金の一部が支給停止**されます。具体例をみてみましょう。

雇用一郎さんは，60歳到達時の賃金が月額30万円で，その後月額18万円に低下しました。この場合の高年齢雇用継続給付は，最も高い支給率となり，賃金の15％が支給されます（賃金が61％未満に低下の場合は，賃金の15％が支給される）。18万円×15％＝27,000円が，**高年齢雇用継続給付として支給される**ことになります。

次に，雇用一郎さんの現在の標準報酬月額が18万円とすると，**18万円×6％＝10,800円の年金が支給停止**されます（高年齢雇用継続給付が最大の支給率の場合は，標準報酬月額の6％相当の年金を支給停止する）。

さて，雇用一郎さんの老齢厚生年金が月額10万円で，直近1年分の賞与が60万円とすると，在職老齢年金による支給停止（月額）は，次のようになります。

①標準報酬月額18万円，②賞与60万円÷12＝5万円，③年金月額10万円
　⇒（①＋②＋③－28万円）×1／2
　＝（18万円＋5万円＋10万円－28万円）×1／2＝25,000円

この結果，在職老齢年金の仕組みによる支給停止が25,000円，高年齢雇用継続給付との調整による支給停止が10,800円で，1か月当たり**合計35,800円の年金が支給停止**されます。雇用一郎さんの1か月の収入は，「年金10万円－35,800円＝64,200円と，高年齢雇用継続給付27,000円と，賃金18万円から保険料や税金を控除したもの」となります。

事前に相談があったときは，従業員の年金額がわかれば，このような手順でシミュレーションが可能です。その結果，「年金が減らされるのは絶対にいやだから，賃金が下がっても高年齢雇用継続給付は受給しない」と言う人もいます。社労士事務所としては，そのような従業員の判断も，**後になってもわかるように書きとめておく必要があります**。

様式第33号の3（第101条の5、第101条の7関係）（第1面）

高年齢雇用継続給付受給資格確認票・（初回）高年齢雇用継続給付支給申請書

（必ず第2面の注意書きをよく読んでから記入してください。）

帳票種別 13300

1. 個人番号 ××××××××××××

2. 被保険者番号 1003-123456-7

3. 資格取得年月日 3-550401 （3 昭和 4 平成）

4. 事業所番号 1104-345678-9

5. 給付金の種類 1 （1 基本給付金 / 2 再就職給付金）

〈賃金支払状況〉

6. 支給対象年月その1 4-3007
7. 6欄の支給対象年月に支払われた賃金額 180000
8. 賃金の減額のあった日数 0
9. みなし賃金額

10. 支給対象年月その2 4-3008
11. 10欄の支給対象年月に支払われた賃金額 180000
12. 賃金の減額のあった日数 0
13. みなし賃金額

14. 支給対象年月その3 4-
15. 14欄の支給対象年月に支払われた賃金額
16. 賃金の減額のあった日数
17. みなし賃金額

18. 賃金月額（区分一日額又は総額） （1 日額 / 2 総額）
19. 登録区分
20. 基本手当の受給資格
21. 定年等修正賃金登録年月日 4-

22. 受給資格確認年月日 4-
23. 支給申請月 （1 奇数月 / 2 偶数月）
24. 次回（初回）支給申請年月日 4-
25. 支払区分

26. 金融機関・店舗コード / **口座番号**
27. 未支給区分 （空欄 未支給以外 / 1 未支給）

その他賃金に関する特記事項
28. 29. 30.

上記の記載事実に誤りのないことを証明します。
事業所名（所在地・電話番号） ○○市○○町×-××-× 0××-×××-××××
平成30年9月12日 事業主氏名 株式会社 △△工業 代表取締役 労働 孝 ㊞

上記のとおり高年齢雇用継続給付の受給資格の確認を申請します。
雇用保険法施行規則第101条の5、同第101条の7の規定により、上記のとおり高年齢雇用継続給付の支給を申請します。
平成30年9月10日 公共職業安定所長 殿
住所 ○○市○○町3-11-1
申請者氏名 雇用 一郎 ㊞

払渡希望金融機関指定届	払渡希望金融機関	フリガナ	○○ ギンコウ ○○ シテン	金融機関コード 店舗コード	金融機関による確認印
		名称	○○銀行 ○○ 本店/支店	×××× /××	
		銀行等（ゆうちょ銀行以外）口座番号	（普通） 2×××××××		
	ゆうちょ銀行	記号番号	（総合） —		

◆ 金融機関へのお願い
雇用保険の失業等給付を受給者の金融機関口座へ迅速かつ正確に振り込むため、次のことについて御協力をお願いします。
1. 上記の記載事項のうち「申請者氏名」、「名称」欄及び「銀行等（ゆうちょ銀行以外）」の「口座番号」欄、「ゆうちょ銀行」の「記号番号」欄を確認した上、「金融機関による確認印」欄に貴金融機関確認印を押印してください。
2. 金融機関コード及び店舗コードを記入してください（ゆうちょ銀行の場合を除く。）。

備考	賃金締切日	賃金支払形態 月給・日給・時間給	※	資格確認の可否	可・否
	所定労働日数 6日	10日 14日	処理欄	年齢確認書類 住・免・（　）	
	通勤手当（毎月・3か月・6か月） 有・無			資格確認年月日 平成　年　月　日	
				通知年月日 平成　年　月　日	

社会保険労務士記載欄	作成年月日・提出代行者・事務代理者の表示	氏名	電話番号	※所長	次長	課長	係長	係	操作者
		㊞							

2017.10

第6章　賃金に関する手続

雇用保険被保険者六十歳到達時等賃金証明書（事業主控）

① 被保険者番号　1003-123456-7
② 事業所番号　1104-345678-9
③ フリガナ　コヨウ イチロウ
　60歳に達した者の氏名　雇用 一郎

④ 名称　株式会社 △△工業
　事業所所在地　○○市○○町 x-xx-x
　電話番号　0xx-xxx-xxxx

⑤ 60歳に達した者の住所又は居所　〒xxx-xxxx　○○市○○町 3-11-1
　電話番号（0xx）xxx - xxxx

⑥ 60歳に達した日等の年月日　平成 30 年 6 月 30 日
⑦ 60歳に達した者の生年月日　昭和 33 年 7 月 1 日

事業主　住所　○○市○○町 x-xx-x
　　　　株式会社 △△工業
　氏名　代表取締役　労働 孝

60歳に達した日等以前の賃金支払状況等

⑧ 60歳に達した日等に離職したとみなした場合の被保険者期間算定対象期間	⑨ ⑧の期間における賃金支払基礎日数	⑩ 賃金支払対象期間	⑪ ⑩の基礎日数	⑫ 賃金額 A	B	計	⑬ 備考
60歳に達した日等の翌日 7/1							
6月1日～60歳に達した日	30日	6月1日～60歳に達した日	30日	300,000			
5月1日～5月31日	31日	5月1日～5月31日	31日	300,000			
4月1日～4月30日	30日	4月1日～4月30日	30日	300,000			
3月1日～3月31日	31日	3月1日～3月31日	31日	300,000			
2月1日～2月28日	28日	2月1日～2月28日	28日	300,000			
1月1日～1月31日	31日	1月1日～1月31日	31日	300,000			
月 日～ 月 日	日	月 日～ 月 日	日				
月 日～ 月 日	日	月 日～ 月 日	日				
月 日～ 月 日	日	月 日～ 月 日	日				
月 日～ 月 日	日	月 日～ 月 日	日				
月 日～ 月 日	日	月 日～ 月 日	日				

⑭ 賃金に関する特記事項

※公共職業安定所記載欄

六十歳到達時等賃金証明書受理
平成　年　月　日
（受理番号　　　番）

注意
1　事業主は、公共職業安定所からこの六十歳到達時等賃金証明書（事業主控）の返付を受けたときは、これを7年間保管し、関係職員の要求があったときは提示すること。
2　六十歳到達時等賃金証明書の記載方法については、別紙「雇用保険被保険者六十歳到達時等賃金証明書についての注意」を参照すること。
3　「60歳に達した日等」とは、当該被保険者の60歳の誕生日の前日又は60歳に達した後に「被保険者であった期間」が通算して5年を満たした日である。

社会保険労務士記載欄	作成年月日・提出代行者・事務代理者の表示	氏名	電話番号
		㊞	

《標準報酬月額等に関するQ&A》

● 賃金締切日が毎月月末，賃金支払日が翌月10日で，5月27日に入社した人は，算定基礎届の対象ですか。6月10日支払いの総支給額は30,000円で，支払基礎日数は3日です。

5月31日までの間に入社した人は，算定基礎届の対象となります。ただし，支払基礎日数が17日未満なので，実際に支払われた額で算定することはできません。このため，資格取得時の標準報酬月額がそのまま，算定基礎届により決定される標準報酬月額となります。このような取扱いを「保険者算定」といいます。

保険者算定は，実際に支払われた金額で算定するのが適当ではない場合などに行われます。

● 算定基礎届を提出するときは，賃金台帳を持っていくのですか。

都道府県によっては，社労士が代行する場合には賃金台帳等を持参しなくてよいこととされています。ただし，社労士が代行する場合でも，「今年は，この会社だけは賃金台帳を持参してください」と指定されることがあります。

● 算定基礎届に印字されている標準報酬月額などを訂正するときには，訂正印は必要ですか。

訂正印は不要です。わかりやすく訂正し，「6月月変届出済み」などとメモをつけるとよいでしょう。

● パートタイマーの算定基礎届や月額変更届は，支払基礎日数が重要だと思いますが，賃金台帳に書かれたもので判断すればよいですか。

賃金台帳の出勤日数の書き方は，会社によって異なり，支払基礎日数が17日未満なのか17日以上なのか，よくわからないことがあります。タイムカード（出勤簿）で，年次有給休暇も含めた正確な日数を確認しましょう。なお，短時間労働者については，「17日」は「11日」となります。

● 算定基礎届の結果による標準報酬月額に基づく保険料を，10月支払いではなく9月支払いのときから控除してしまいました。どうすればよいですか。

従業員に説明し，次の支払いのときなどに精算してください。

● 標準報酬月額の等級表をみると，保険料額の折半額に1円未満の端数が生じています。この端数は，会社と従業員のどちらが負担するのですか。

保険料を給与計算時に控除する場合で，折半額に50銭以下の端数があるときは，その端数を切り捨てた額を従業員が負担します。50銭を超える端数があるときは，1円に切り上げた額を従業員が負担します。

● 2か所以上で働いている人の保険料は，どのように決まり，どのように支払うのですか。また，健康保険の被保険者証はどこから交付されますか。

2以上事業所勤務届というものがあります。これは，どこの年金事務所（健康保険は，保険者）の所属となるのかを，被保険者が選択するものです。健康保険の被保険者証は，**選択した健康保険の保険者**から交付されます。保険料は，**按分した額**がそれぞれの事業所に通知されます。

2以上事業所勤務届は，従来は，会社の役員について必要となる例が多かったのですが，最近では**複数の会社で掛け持ちで働く非正規雇用者**の例も増えています。

○http://www.nenkin.go.jp/service/kounen/jigyosho-hiho/hihokensha1/20131022.html　日本年金機構「複数の事業所で使用されるようになったときの手続き」

● 厚生年金保険では保険料の計算の基礎等となる「標準賞与額」の上限が月150万円だそうですが，賞与が2回支給された月についてはどうなりますか。

同じ月に2回以上の賞与が支給されたときは，合算額に上限額を適用します。

【社会保険料の控除開始月，控除終了月，変更月】

　健康保険料・介護保険料・厚生年金保険料は，控除を始める時期や金額を変更する時期がわかりにくいものです。主なものをまとめましたので，参考にしてください。

① 年間の基本的な流れ

2〜3月	1年間の健康保険料と介護保険料が発表される。
4月支払給与	新たな健康保険料と介護保険料で計算する。
4〜6月支払給与	総支給額と平均額を算定基礎届に記入する。
10月支払給与	算定基礎届に基づく新たな保険料で計算する。

② 入退社，標準報酬月額の決定・改定による保険料控除

入社した者	健康保険・厚生年金保険の保険料は，被保険者資格を取得した月の翌月の支払いから控除開始。雇用保険料は初月から。
月額変更届	固定的賃金の変更月から数えて5か月目から新たな保険料を控除する。
退社した者	退職日の翌日（健康保険・厚生年金保険の被保険者資格を喪失した日）が属する月については，健保・厚年の保険料が発生しない。その翌月に支払うものがある場合には，雇用保険料のみ控除する。たとえば，6月29日に退職した場合は，6月30日が資格喪失日となり，7月の支払いでは雇用保険料のみ控除する。

③ 年齢による変更

介護保険料	40歳の誕生日の前日に40歳到達 → 翌月支払の給与計算から控除開始。 65歳の誕生日の前日に65歳到達 → 翌月支払の給与計算から控除なし。
厚生年金保険料	70歳の誕生日の前日に70歳到達 → 翌月支払の給与計算から控除なし。
健康保険料	75歳の誕生日で健康保険の資格を喪失 → 翌月支払の給与計算から控除なし。

第7章

労災に関する手続

36 療養補償給付たる療養の給付請求書

〔使う時期〕労災指定病院にかかったとき
〔記入する際の注意点〕「災害の原因及び発生状況」をしっかり確認する
〔提出時期〕でき次第
〔提　出　先〕被災した従業員がかかっている労災指定病院

【人事労務担当者は，ここに気をつけて！】

　この請求書は，労働基準監督署などでは，様式の番号から「5号用紙」と呼ばれています。従業員の，業務上の事由による傷病について，労災保険から治療費を出してもらうために提出します。提出までの基本的な流れは，次のようになります。

① 　従業員から，「仕事中にけがをした」という連絡が入る。
② 　まずは，病院に行くように言う。ただし，**仕事中のけがだということを病院に伝え，健康保険の被保険者証は使わないように注意する**。(☞Q＆A)
③ 　病院の窓口では，「では，労災の書類を持ってきてください」と言われるが，**治療は書類の提出前でも受けられる**。
④ 　発生日時や，そのときの状況を，本人に別の紙に詳しく書いてもらう。
⑤ 　5号用紙を作成するのに必要な情報がまとまったら，できるだけ早く作成し，本人に渡す(**渡す前にコピーをとっておくとよい**)。本人は，それを病院に提出する。病院から労働基準監督署に提出され，治療費は(原則として)全額が労災保険から支給されることとなる。

【社労士は，ここを確認して！】

　社労士が5号用紙を作成するときは，事故の状況を詳しく書いてもらい，事故発生日のタイムカードも確認しましょう。⑲の「災害の原因及び発生状況」は，本人が言っていること，当日の仕事のスケジュール，普段やっている仕事などを詳しく聞き，話の筋が通っているかどうかを考えてください。**自分がそのけがの状況を，見てきたように思い浮かべることができるようになるまで，念入りに聞いてください。**

第7章 労災に関する手続

様式第5号（表面）　労働者災害補償保険
業務災害用
療養補償給付たる療養の給付請求書

裏面に記載してある注意事項をよく読んだ上で、記入してください。

標準字体
アイウエオカキクケコサシスセソタチツテトナニヌ
ネノハヒフヘホマミムメモヤユヨラリルレロワン
0123456789ー

① 帳票種別 ※ 34590
② 管轄局名
③ 業通別 1 3業通 金レセ 3余給付
④ 保留
⑤ 処理区分
※ 受付年月日

⑤ 労働保険番号　府県 11　所掌 1　管轄 01　基幹番号 082456　枝番号 000
（電話番号記入欄）

⑦ 支給・不支給決定年月日

⑧ 性別 3（男女 5昭和 7平成）
⑨ 労働者の生年月日 5330920
⑩ 負傷又は発病年月日 7300702

⑪ 再発年月日
⑬ 三者　⑭ 特疾　⑮ 特別加入者

⑫ 労働者
シメイ（カタカナ）
ロウドウ　ヨシコ
氏名　労働　美子　（59歳）

⑯ 郵便番号 331-0812
フリガナ　サイタマシ　キタク　ミヤハラチョウ
住所　さいたま市北区宮原町2-X-XX

職種　事務

⑰ 負傷又は発病の時刻　午前/午後 10時00分頃

⑱ 災害発生の事実を確認した者の職名、氏名
職名　所長
氏名　保険　一郎

⑲ 災害の原因及び発生状況
(あ)どのような場所で(い)どのような作業をしているときに(う)どのような物又は環境に(え)どのような不安全な又は有害な状態があって(お)どのような災害が発生したか(か)⑩と初診日が異なる場合はその理由を詳細に記入すること。

午前10時に来訪予定のお客様がみえたので、インターフォンで応答後、2階の事務室の戸を開け、階段で1階玄関へ向かう途中、上から2段めで足を踏み外し、腰を強打して負傷した。なおお客様がみえたときは、事務員が玄関へ行き、1階の応接室へお通しすることになっている。

⑳ 指定病院等の　名称
　　　　　　　所在地

ここは、会社から本人に渡すときは空欄でよい　〒

㉑ 傷病の部位及び状態

㉒の者については、⑩、⑰及び⑲に記載したとおりであることを証明します。　30年 7月 4日
事業の名称　保険一郎コンサルタント事務所　電話（048）6XX-XXXX
事業場の所在地　さいたま市○○区△△町1-222-3　〒33X-XXXX
事業主の氏名　所長　保険　一郎　　事業主印
（法人その他の団体であるときはその名称及び代表者の氏名）
労働者の所属事業場の名称・所在地
（注意）1　労働者の所属事業場の名称・所在地については、労働者が直接所属する事業場が一括適用の取扱いを受けている場合で、労働者が直接所属する支店、工事現場等を記載してください。
2　派遣労働者について、療養補償給付のみの請求がなされる場合にあっては、派遣先事業主は、派遣元事業主が証明する事項の記載内容が事実と相違ない旨裏面に記載してください。

上記により療養補償給付たる療養の給付を請求します。
さいたま労働基準監督署長殿

本人はここを記入し押印して病院に提出する

病院・診療所・薬局・訪問看護事業者経由　請求人の
〒　　住所
電話（　）-　（　方）
氏名　　印
年　月　日

支不支給決定議書
署長　副署長　課長　係長　係
決定年月日
不支給の理由
調査年月日
復命書番号　第　号　第　号　第　号

131

37 療養補償給付たる療養の給付を受ける指定病院等(変更)届

〔使う時期〕治療を受ける労災指定病院を変更したとき
〔記入する際の注意点〕変更する理由を確認する
〔提出時期〕でき次第
〔提　出　先〕変更後の労災指定病院

【人事労務担当者は，ここに気をつけて！】

　業務上の事由によってけがをしたり，職業病にかかったりしたときは，まず労災指定病院に，「療養補償給付たる療養の給付請求書」（5号用紙）を提出します。これにより，従業員は，自己負担なしで治療を受けられます。

　治療を受ける病院は，1軒で済むこともありますが，途中で，より通いやすい近くの病院などに変わることもあります。そうすると，**2軒目の病院にも，労災保険を使うための書類を出す**ことになります。この書類は，様式の番号から，「6号用紙」と呼ばれています。

　6号用紙は，記入内容自体は難しくありません。先に提出した5号用紙のコピーがあれば，その内容を書き写すことによって，大部分が完成します。②の「年金証書の番号」は，労災の年金を受給していない人については記入不要です。

　完成したら，**本人に渡す前にコピーをとっておきましょう**。

【社労士は，ここを確認して！】

　6号用紙は，5号用紙と同時に作成することもあります。労災発生から時間が経って連絡が来た場合などが，これにあたります。同時作成するときは，人事労務担当者に預ける際に，**どれをどの病院に出せばよいのか，わかるようにしておきましょう**。余白に鉛筆で「これは○○病院にお出しください」「これは△△病院にお出しください」などと，書いておくとよいでしょう（付箋では，本人が病院に提出するまでの間に，取れてしまう可能性があります）。

○http://www.mhlw.go.jp/stf/seisakunitsuite/bunya/koyou_roudou/roudoukijun/
　rousai/rousaihoken06/index.html　　厚生労働省「労災保険給付関係請求書
　等ダウンロード」

第7章　労災に関する手続

様式第6号

労働者災害補償保険

療養補償給付たる療養の給付を受ける指定病院等（変更）届

さいたま　労働基準監督署長　殿

病院
診療所　　　経由
薬局
訪問看護事業者

（7/2～7/17 入院し、その後は別の病院に通院となった例）

本人は、ここを記入し、押印して、変更後の病院に提出する

届出人の氏名

年　月　日
（郵便番号　　－　　　）
住所
電話番号　　　局　　　番
　　　　　　　　　　方

下記により療養補償給付たる療養の給付を受ける指定病院等を（変更するので）届けます。

【注意】（略）

① 労働保険番号
府県 所掌 管轄 基幹番号 枝番号
11 1 01 082456 000

② 年金証書の番号
管轄局　種別　西暦年　番号

③ 氏名　労働 美子　（男・㊛）
生年月日　昭和33年 9月20日（59歳）
住所　さいたま市北区宮原町2-X-XX
職種　事務

④ 負傷又は発病年月日
平成 30年 7月 2日
午前 10時 00分頃

⑤ 災害の原因及び発生状況

午前10時に来訪予定のお客様がみえたので、インターフォンで応答後、2階の事務室の戸を開け、階段で1階玄関へ向かう途中、上から2段めで足を踏み外し、腰を強打して負傷した。なお、お客様がみえたときは、事務員が玄関へ行き、1階の応接室へお通しすることになっている。

③の者については、④及び⑤に記載したとおりであることを証明します。

30年 7月 20日

事業の名称　保険一郎 コンサルタント事務所
郵便番号（33X－XXXX）
事業場の所在地　さいたま市○○区△△町1-222-3
電話　048-6XX局 XXXX番
事業主の氏名　所長 保険 一郎　㊞（事業主印）
（法人その他の団体であるときはその名称及び代表者の氏名）

⑥ 指定病院等の変更

変更前の
名称　○○総合病院
所在地　さいたま市○○区△△町3-XXX-X
労災指定医番号　

変更後の
名称　よもぎクリニック
所在地　さいたま市北区宮原町1-XX-XX

変更理由　退院し、自宅近くの病院に通院することとなったため。

⑦ 傷病補償年金の支給を受けることとなった後に療養の給付を受けようとする指定病院等の
名称
所在地

⑧ 傷病名

133

38　療養給付たる療養の給付請求書

〔使う時期〕通勤中の事故で労災指定病院にかかったとき
〔記入する際の注意点〕通勤経路や所要時間を確認する
〔提出時期〕でき次第
〔提 出 先〕被災した従業員がかかっている労災指定病院

【人事労務担当者は，ここに気をつけて！】

　労災保険は，通勤中の事故による傷病についても使えます。ただし，通勤中は会社の管理下ではないので，事実の確認に時間がかかります。まずは，従業員の**普段の通勤経路**を，あらためて確認しましょう。そのうえで，**事故が発生した場所**も正確に把握してください。

　この「療養給付たる療養の給付請求書」は，表面は業務上の事故の場合とほとんど同じなので，ここでは裏面を掲載しています。たくさんの記入欄がありますが，①自宅から会社に出勤する途中だったのか，②会社から自宅に帰る途中だったのかで，記入の必要な欄が変わります。①の場合は仕事を始めるはずだった時間，②の場合は仕事を終えた時間の情報も必要です。

【社労士は，ここを確認して！】

　通勤中の事故は，目撃者がいないことも多く，状況がつかみにくいものです。次のような点を丁寧に確認し，焦らずに進めてください。

- イ　普段はどのような経路で通勤しているのか。**移動にかかる時間**は何分か。
- ロ　事故が起こったのはどこか。それがイの経路から外れているなら，その理由は何か。
- ハ　普段と出勤予定（退勤）時間が違う場合には，**なぜその日はその時間になったのか。**

　仕事中の事故にしても，通勤中の事故にしても，「普段やらないこと」をしたときに，起こることが多いようです。また，普段，当たり前のように行っていることは，言葉で説明するのが案外難しいものです。**事故の状況がわからないときは，考え込むよりも現場を見に行きましょう。**

　なお，事故に関する情報収集は，できる限り会社を通して行いましょう。その

第7章 労災に関する手続

ほうが、社労士と本人が直接話すよりも、後々スムーズに進みます。

39　療養補償給付たる療養の費用の請求書

〔使う時期〕労災指定病院でないところで治療を受けた場合など
〔記入する際の注意点〕医師または歯科医師等の証明をもらう
〔提出時期〕でき次第
〔提　出　先〕事業所の所在地を管轄する労働基準監督署

【人事労務担当者は，ここに気をつけて！】

　この書類は，様式の番号から「7号用紙」と呼ばれています。7号用紙には5種類あるのですが，ここでは最も一般的な「7号(1)」について説明します。次のような場合に使用します。
　①　業務上の傷病について治療を受けた病院が，**労災指定病院ではないため**，治療費の負担が生じた。
　②　治療のために**ギプスなどを作り**，その費用を立替払いした。
　①も②も，本人は，いったん全額を病院に支払います。その後，この請求書を提出すると，本人に支払う金額が決定され，本人の銀行口座に振り込まれます。
　請求には，**病院の領収書の原本**が必要です。また，医師または歯科医師等の証明を受ける欄があります。従業員に書類を預けることになりますので，なかなか戻ってこない場合は，声をかけて催促しましょう。

【社労士は，ここを確認して！】

　この書類を預かったときは，まず，**医師または歯科医師等の証明欄**を見てください。**記入漏れがあるとき**は，会社か病院に連絡をしなければなりません。
　医師または歯科医師等の証明欄が完成している場合でも，その内容を，すでに会社から来ている情報と照合してください。たとえば，「傷病の部位及び傷病名」が，すでに得ている情報と合っているでしょうか。**「右足と聞いていたのに左足となっている」**など，疑問が生じたら，そのままにせずに確認しましょう。
　通勤災害の場合は「療養給付たる療養の費用請求書」（様式16号の5（1））という様式になり，裏面に通勤の経路などを記入することになっています。

■ **様式第7号（1）（表面）** 労働者災害補償保険

業務災害用	第 1 回

療養補償給付たる療養の費用請求書（同一傷病分）

標準字体 0123456789゛゜ー
アイウエオカキクケコサシスセソタチツテトナニヌ
ネノハヒフヘホマミムメモヤユヨラリルレロワン

帳票種別	①管轄局署	②業通別	受付年月日	⑥三者コード	⑪委任未支給	⑫特別加入者	⑬審査コード
※ 34260		1 管 3 通		1 3 5 労	1 委任 5 未支給 9 委未		

③労働保険番号
府県 1 1 所掌 0 管轄 1 0 8 基幹番号 2 4 5 6 0 0 0 枝番号

④年金証書の番号 管轄局 種別 西暦年 番号

⑤労働者の性別（1 男 3 女）: 3
⑥労働者の生年月日（明大昭平）: 5 3 3 0 9 2 0
⑦負傷又は発病年月日: 7 3 0 0 7 0 2

⑭金融機関
金融機関 店舗
⑮顔画コード

労働者の
シメイ（カタカナ）: ロウドウ ヨシコ
氏名 労働 美子 （59歳）
職種 事務
住所 331-0812 さいたま市北区宮原町 2-X-XX

新規 / 変更

⑯預金の種類 1 普通 当座 : 1
⑰口座番号 07X X X 2

⑯振込を希望する金融機関の名称: ○○ 宮原
メイギニン（カタカナ）: ロウドウ ヨシコ
⑱ 労働 美子

⑲（つづき）メイギニン（カタカナ）

⑨の者については、⑦並びに裏面の（ヌ）及び（ヲ）に記載したとおりであることを証明します。

30年7月20日
事業の名称 保険一郎コンサルタント事務所 電話番号 048-6XX 局 XXXX番
事業場の所在地 さいたま市○○区△△町 1-222-3 郵便番号 33X - XXXX
事業主の氏名 所長 保険一郎 事業主印
（法人その他の団体であるときはその名称及び代表者の氏名）

療養の内容	（イ）期間	年 月 日 から 年 月 日まで 日間 診療実日数 日	⑨の者については、（イ）から（ニ）までに記載したとおりであることを証明します。

（ロ）傷病の部位及び傷病名: この欄に記入もれが
（ハ）傷病の経過の概要: ないかどうか、よく確認すること!!
年 月 日 治ゆ・継続中・転医・中止・死亡

病院又は診療所 所在地 名称 電話番号 局番 番
診療担当者氏名 印

（ニ）療養の内訳及び金額（内訳裏面のとおり。）

（ホ）看護料 年 月 日から 年 月 日まで 日間 看護師の資格の有・無
（ヘ）移送費 から まで 片道・往復 キロメートル 回
（ト）上記以外の療養費（内訳別紙請求書又は領収書 / 枚のとおり。）

⑳療養の給付を受けなかった理由: 償還払い制度のため
㉑療養に要した費用の額（合計）: 2 2 3 5 6 円

㉒費用の種別	㉓療養期間の初日	㉔療養期間の末日	㉕診療実日数	㉖転帰事由
※	から	まで	日	

上記により療養補償給付たる療養の費用の支給を請求します。

郵便番号 331-0812 電話 048-XXX 局 XXXX番

30年7月19日

請求人の
住所 さいたま市北区宮原町 2-X-XX（カ）
氏名 労働 美子 労働印

さいたま 労働基準監督署長 殿

40　休業補償給付支給請求書

〔使う時期〕業務災害の治療のため4日以上休業し賃金が支払われないとき
〔記入する際の注意点〕1回目は平均賃金の算定内訳も記入する
〔提出する時期〕休業期間が含まれる給与計算の後
〔提 出 先〕事業所の所在地を管轄する労働基準監督署

【人事労務担当者は，ここに気をつけて！】

　業務上の事由による傷病の治療のため，4日以上休業（欠勤）し，その期間の賃金がないときは，労災保険から，休業補償給付が支給されます。

　治療しながら休業していることが第一条件なので，**病院にきちんと行っている**ことが必要です。休業中の従業員は，「早く働かなくては」と焦りを感じて，医師の指示どおりの治療を受けようとしない場合があります。会社としては，リハビリも含めて医師の指示どおりに治療をし，安心できる状態になってから働いてもらいたいのですから，そのことを従業員に説明してください。

　なお，休業補償給付は，**所定労働日以外の日についても支給**されます。たとえば，土曜・日曜がもともと休みの人でも，休業期間に含まれていれば，土曜・日曜も支給対象日となります。ただし，**休業の最初の3日間は，様子を見るための"待期期間"**です。この3日間は，労災保険からの支給はありません。

　労災保険は，労働基準法に基づく災害補償の仕組みを，保険の仕組みで実現する制度です。**労災保険で保護される部分については，会社は災害補償を行う義務を免れます**。業務災害による休業に関しては，4日目以降の災害補償義務がなくなるわけです。

　ところが，休業3日目までは，労災保険からの支給がありません。そこで会社は，労働基準法に基づく休業補償（1日当たり平均賃金の6割）を支払うこととされています。

　休業最初の3日間は，従業員の申出により，年次有給休暇をあてることもあります。この場合は，会社が3日間の休業補償を支払ったものとして取り扱われます。

【社労士は，ここを確認して！】

㉙の「療養のため労働できなかった期間」には，公休日や，年次有給休暇を取得した日も含まれます。㉛の「療養のため労働することができなかったと認められる期間」も同様です。

㉘～㉛は，従業員が病院に持っていき，書いてもらう欄です。病院の記入があるものが手元に来たら，証明された期間を確認し，㉚の「療養の現況」にも注意しましょう。「**継続中**」となっていれば問題ありませんが，「**治癒**」となっていることもあります。

「治癒」は，傷病が，「これ以上は現代医学では治せない状態」という意味です。その後は，休業補償給付の支給はありません。労災保険の障害等級に該当すれば，請求により障害補償給付（年金または一時金）が支給されます。

また，㉚が「**転医**」となっている場合は，その後は**転院後の病院**で証明してもらいます。

さて，休業は，数日間で済むこともあれば，数か月間に及ぶこともあります。ここでは，3か月間休んだ例で考えていきましょう。

〈事 例〉
- 平成30年7月2日に業務上の事由により負傷し，9月30日まで休業する。
- 賃金は，20日締切，月末支払。
- 7月2日，3日，4日は年次有給休暇をあてることとした。
- 7月2日から17日までは○○総合病院に入院し，18日からは家の近くの，よもぎクリニックに通うことになった。
- 休業補償給付は，賃金の締切日で区切り，毎月請求することにした。

この事例では，休業補償給付の請求は，4～5回に分けて行うことになります。1回目は○○総合病院の証明で7月2日から7月17日まで，2回目はよもぎクリニックの証明で7月18日から7月20日まで，3回目以降はいずれもよもぎクリニックの証明で，7月21日から8月20日まで，8月21日から9月20日まで，9月21日から9月30日までです。最後の部分は10日分なので，従業員の希望によっては，8月21日から9月20日までの分とまとめて請求してもよいでしょう。

1回目の請求の際は，「平均賃金算定内訳」のページも記入して提出します。これは，直前の3か月間の賃金の平均額です。**直近1年間に支払われた賞与**があ

れば，その裏面の「特別給与の額」も記入します。

「賃金計算期間」には，負傷した賃金計算期間（この事例では６月21日から７月20日まで）は含みません。その前の３か月分を記入し，日数の計や手当ごとの計を出していきます。時間外労働の割増賃金など，固定的でないものは，Ｂ欄です。この例では，基本給を時給制とし，Ｂ欄に記入しています。

手当によっては，Ａ欄とＢ欄のどちらに書けばよいのか，迷うことがあります。労働基準監督署に尋ねれば教えてもらえますので，困ったときは相談しながら進めましょう。

「総日数」の欄は，暦どおりの日数です。Ｂの「労働日数」は，実際に働いた日数や年次有給休暇の合計です。Ｂの日数を数えるときは，タイムカード等の出勤の記録を取り寄せ，丁寧にみていきましょう。

会社によっては，休業した期間についても，家族手当など一部の固定給を全額支払うことがあります。その場合でも，１日当たりの額が平均賃金の６割未満なら，休業補償給付は全額支給されます。休んでいるのに支払われているものがある場合は，賃金台帳のコピーに説明を書いて添付すると，スムーズに進みます。

提出後，労働基準監督署から，ひとつひとつの手当の内容などについて質問が来ることがあります。これは普通のことですから，落ち着いて対応しましょう。わからないことは，いったん保留にし，会社に問い合わせればよいのです。

なかなか書類が仕上がらないときは，労働基準監督署に出向いて相談すれば，丁寧に教えてもらうことができます。

「最低保障平均賃金」の欄まで記入が終わったら，最低保障平均賃金と「平均賃金」のうち，いずれか高い額を前のページの㉞に記入します。この㉞の金額の６割が，休業補償給付の日額となります。

㉞の金額を「休業給付基礎日額」といいますが，あまりに少ないと，保障の意味がありません。そこで，政府が毎年，最低額を発表しています。平成30年８月１日からの１年間の最低額は，3,940円です。賃金から算出された１日の額が1,000円や2,000円の人でも，休業給付基礎日額は3,940円が基準となるということです。

第7章 労災に関する手続

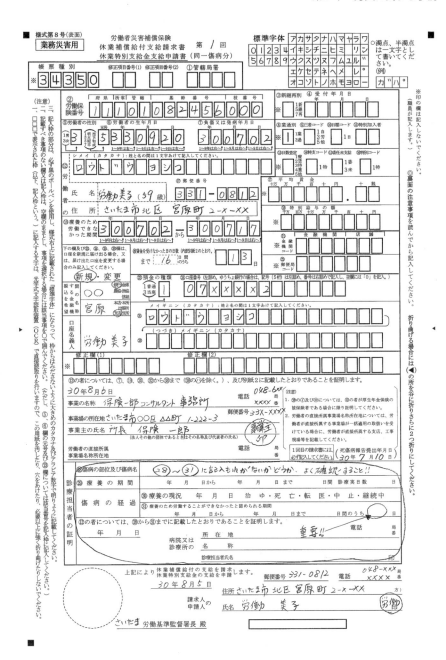

様式第8号(裏面)

〔注　意〕

㉜労働者の職種	㉝負傷又は発病の時刻	㉞平均賃金(算定内訳別紙1のとおり)
事務	午前 10時 00分頃	5,615円 21銭

㉟所定労働時間	午前 8時30分から午後 5時30分まで	㊱休業補償給付額、休業特別支給金額の改定比率 (平均給与額 説明書のとおり)

㊲災害の原因及び発生状況　(あ)どのような場所で (い)どのような作業をしているときに (う)どのような物又は環境に (え)どのような不安全又は有害な状態があって (お)どのような災害が発生したかを詳細に記入すること

例10時に来訪予定のお客様がみえたので、インターフォン応答後、2階の事務室の戸を開け、階段で1階玄関へ向かう途中、上から2段めで足を踏み外し、膝を強打して負傷した。なお、お客様がみえたときは、事務員が玄関へ行き、1階の応接室へお通しすることになっている。

㊳厚生年金保険等の受給関係		⑦基礎年金番号		⑩被保険者資格の取得年月日		年　月　日
	⑥当該傷病に関して支給される年金の種類等	年金の種類	厚生年金保険法の 国民年金法の 船員保険法の	イ障害年金　ロ障害厚生年金 ハ障害年金　ニ障害基礎年金 ホ障害年金		
		障害等級				級
		支給される年金の額				円
		支給されることとなった年月日		年　月　日		
		基礎年金番号及び厚生年金等の年金証書の年金コード				
		所轄年金事務所等				

表面の記入枠を訂正したときの訂正印欄	削　　字	事業主㊞
	加　　字	

社会保険労務士記載欄	作成年月日・提出代行者・事務代理者の表示	氏　　名	電話番号
		印	

様式第8号(別紙1) (表面)

第7章 労災に関する手続

労働保険番号				氏名	災害発生年月日
府県	所掌	管轄	基幹番号 / 枝番号		
11	1	01	082456 / 000	労働 美子	30年7月2日

(2回目以降は添付不要)

平均賃金算定内訳
(労働基準法第12条参照のこと。)

雇入年月日	20年 10月 1日	常用・日雇の別	常用・日雇
賃金支給方法	月給・週給・日給・時間給・出来高払制・その他請負制	賃金締切日	毎月 20日

A 月・週その他一定の期間によって支払ったもの

	賃金計算期間	3月21日から 4月20日まで	4月21日から 5月20日まで	5月21日から 6月20日まで	計
	総日数	31日	30日	31日	(イ) 92日
賃金	基本賃金	円	円	円	円
	技能手当	20,000	20,000	20,000	60,000
	通勤手当	5,000	5,000	5,000	15,000
	計	25,000円	25,000円	25,000円	(ロ) 75,000円

B 日若しくは時間又は出来高払制その他の請負制によって支払ったもの

	賃金計算期間	3月21日から 4月20日まで	4月21日から 5月20日まで	5月21日から 6月20日まで	計
	総日数	31日	30日	31日	(イ) 92日
	労働日数	18日	14日	18日	(ハ) 50日
賃金	基本賃金	144,000円	112,000円	144,000円	400,000円
	手当				
	手当				
	計	144,000円	112,000円	144,000円	(ニ) 400,000円

総計	169,000円	137,000円	169,000円	(ホ) 475,000円

平均賃金	賃金総額(ホ) 475,000円 ÷ 総日数(イ) 92 = 5,163円 04銭

最低保障平均賃金の計算方法
Aの(ロ) 75,000 円÷総日数(イ) 92 = 815円 21銭(ヘ)
Bの(ニ) 400,000 円÷労働日数(ハ) 50 × 60/100 = 4,800円 0銭(ト)
(ヘ) 815円 21銭 + (ト) 4,800円 0銭 = 5,615円 21銭 (最低保障平均賃金) →(B)に記入

日日雇い入れられる者の平均賃金(昭和38年労働省告示第52号による。)	第1号又は第2号の場合	賃金計算期間	労働日数又は労働総日数	賃金総額	平均賃金((リ)÷(ヌ)× 73/100)
		月 日から 月 日まで	日	円	円 銭
	第3号の場合	都道府県労働局長が定める金額			円
	第4号の場合	従事する事業又は職業			
		都道府県労働局長が定めた金額			円

| 漁業及び林業労働者の平均賃金(昭和24年労働省告示第5号第2条による。) | 平均賃金協定額の承認年月日 | 年 月 日 | 職種 | 平均賃金協定額 | 円 |

① 賃金計算期間のうち業務外の傷病の療養等のため休業した期間の日数及びその期間中の賃金を業務上の傷病の療養のため休業した期間の日数及びその期間中の賃金とみなして算定した平均賃金
(賃金の総額(ホ)-休業した期間にかかる②の(リ)) ÷ (総日数(イ)-休業した期間②の(チ))
(円 - 円) ÷ (日 - 日) = 円 銭

41 労働者死傷病報告

〔使う時期〕業務災害による死亡や傷病が発生したとき
〔記入の際の注意点〕わかっている範囲で記入し早めに出す
〔提出時期〕死亡,休業4日以上の場合は,遅滞なく
〔提 出 先〕事業所の所在地を管轄する労働基準監督署長

【人事労務担当者は,ここに気をつけて!】

　労働者死傷病報告は,労働安全衛生法に基づく書類です。業務災害による死亡や傷病について,提出が必要となります。**休業が4日以上の場合には,急いで出さなくてはなりません。**休業補償給付請求書の用紙には,労働者死傷病報告の提出年月日を記入します。

　この用紙の右下には,**災害発生時の状況がわかる略図**を書きます。たとえば,機械によるけがなら,その機械のどの部分で,どのようにけがをしたのか,だいたいのことがわかるように書いていきます。ここでは,階段を踏み外した例を使っています。

　「休業見込期間」は,1週間,1か月など,**その時点でわかっていることを記入しましょう。**見込みですから,実際の休業期間と結果的に違ってもかまいません。「傷病名」や「傷病部位」も,**医学的な正式名称を求められているわけではない**ので,「捻挫」「右足」などわかる範囲で記入してください。

【社労士は,ここを確認して!】

　業務災害が起こったとき,最初に作成するのは,多くの場合,療養の給付(治療費)の5号用紙です。4日以上休業することがわかっている場合は,労働者死傷病報告も同時に作成するとよいでしょう。

　略図を書くのが大変そうですが,たとえばバイクに乗っているときの事故なら,そのようなポーズを誰かにしてもらうと,あまり悩まずに仕上げることができます。**機械による事故なら,そのとき使っていた機械を,自分の目で見にいくのが一番です。**そうすることによって,**事故を見ていた人の話を聞くこともでき**,情報がどんどん集まります。

○http://www.mhlw.go.jp/bunya/roudoukijun/anzeneisei36/dl/17_01.pdf
　厚生労働省「労働者死傷病報告」

第7章 労災に関する手続

労働者死傷病報告

様式第23号(第97条関係)(表面)

労働保険番号						事業の種類
府県	所掌	管轄	基幹番号	枝番号	被一括事業場番号	コンサルタント
81	0	01	111010	82456	000	

事業場の名称
カナ：ホケンイチロウコンサルタントジムシヨ
漢字：保険一郎コンサルタント事務所

工事名：（空欄）

職員記入欄（派遣元の事業の労働保険番号）：（空欄）

事業場の所在地：さいたま市〇〇区△△町1-222-3
電話 048(6××)××××
郵便番号：33x-xxxx

労働者数：10人

発生日時：7:平成 73 年 07 月 02 日 10 時 00 分

被災労働者の氏名
カナ：ロウドウ ヨシコ
漢字：労働 美子

生年月日：5:昭和 33 年 09 月 20 日 (59歳)
性別：女
職種：事務
経験期間：09 年 0 月

休業見込期間又は死亡日時
休業見込：03 月 週 日（いずれかに〇）
死亡日時：（空欄）

傷病名：骨折
傷病部位：腰
被災地の場所：さいたま市〇〇区△△町1-222-3

災害発生状況及び原因

①どのような場所で ②どのような作業をしているときに ③どのような物または環境に ④どのような不安全な又は有害な状態があって ⑤どのような災害が発生したかを詳細に記入すること。

朝10時に来訪予定のお客様がみえたので、インターホンで応答後、2階の事務室のドアを開け、階段で1階玄関へ向かう途中、上から2段めで足を踏み外し、腰を強打して負傷した。なお、お客様がみえたときは、事務員が玄関へ行き、1階の応接室へお通しすることになっている。

略図：事務室（階段の図）

職員記入欄
起因物	店社コード	業種分類

事故の型	発注者種類	事業場等区分	業務上疾病	自由設定項目(1)(2)(3)
			1:該当 2:非該当	

報告書作成者 職 氏名：保険 一郎

30年 7月 10日

さいたま 労働基準監督署長殿

事業者職氏名：所長 保険 一郎 ㊞

受付印

42　第三者行為災害届

〔使う時期〕交通事故等の，相手のある事故が発生したとき
〔記入する際の注意点〕本人の記憶が薄れないうちに情報を集める
〔提出時期〕遅滞なく
〔提　出　先〕事業所の所在地を管轄する労働基準監督署

【人事労務担当者は，ここに気をつけて！】

　交通事故等の場合は，労災保険からの給付と相手方からの損害賠償との間で，調整が行われます。このため，第三者行為災害届の提出が必要となります。**ひき逃げの場合**は，相手の氏名等がわかりませんので，その旨を記入して提出します。

　交通事故については，「**事故証明**」も提出します。これは，専用の用紙を使って郵便振替で申請し，「**自動車安全運転センター**」から送付されます。郵便振替の用紙は，警察署や交番でもらうことができます。

　また，事故当事者なら，センターHPからも申請可能です。申請期限は，人身事故は5年，物損事故は3年です。

　けがをしたのに物損事故として処理されている場合は，「人身事故証明入手不能理由書」も提出することになります。様式は，インターネットで探すよりも，提出先の労働基準監督署に問い合わせながら用意したほうがよいでしょう。

【社労士は，ここを確認して！】

　第三者行為災害届は，2ページ目の「天候」「心身の状況」「あなたの行為」など，**当事者でなければわからないこと**がたくさんあります。相手のある事故だということがわかったら，すぐに用紙のコピーを渡して，下書きしてもらうとよいでしょう。配達の業務など，交通事故が発生しやすいと思われる会社の顧問社労士をしている場合には，**日頃から用紙を用意しておく**とスムーズです。

　第三者行為災害届が必要となるケースでは，従業員が入院したり，意識不明になったりすることも珍しくありません。状況に応じて，病院に面会に行って不明点を尋ねたり，**自分で現場を見に行ったり**しながら進めましょう。たとえば，2ページ目の「道路の状況」は，見に行って確認することができます。

第7章　労災に関する手続

○ https://www.jsdc.or.jp/certificate/tabid/113/Default.aspx　　自動車安全運転センター「申請方法」

(届その1)

第三者行為災害届（業務災害・通勤災害）
　　　　　　　　　　　　（交通事故・交通事故以外）

「届その2」には 自賠責保険 等について、
「届その3」には 災害発生状況 や 過失割合等 を記入する。

平成 30 年 9 月 10 日

労働者災害補償保険法施行規則第22条の規定により届けます。

受付日付印　　　　　保険給付請求権者
　　　　　　　　　　住所　川越市 中原町 1-×-××
　　　　　　　　　　フリガナ セキヤ　　郵便番号（350 - 0042）
川越　　　　　　　　氏名　関屋 いよ　　　　　　　　　(関屋)
　　労働基準監督署長　殿　電話（ 049 - ××× - ×××× ）

1　第一当事者（被災者）セキヤ イヨ
　氏名　関屋 いよ　　　（男・女）
　生年月日　昭和 46 年 10 月 20 日（46 歳）
　住所　川越市 中原町 1-×-××

　職種　事務

2　第一当事者（被災者）の所属事業場
　労働保険番号

府県	所掌	管轄	基幹番号	枝番号
11	3	05	360×××	020

　名称　SK商事 株式会社
　所在地　川越市 △△町 3-×-×
　郵便番号 350-××××　電話 049-×××-××××
　代表者（役職）　代表取締役
　　　　（氏名）　大宮 太郎
　担当者（所属部課名）
　　　　（氏名）

3　災害発生
　日時　平成 30 年 8 月 20 日
　　　　午前・午後　8 時 43 分頃
　場所　川越市 △△町 2-××

4　第二当事者（相手方）
　氏名　宮部 大　　　　（48歳）
　住所　鶴ヶ島市 上広谷 ×-××
　郵便番号 350-2203　電話 049-2××-×××
　第二当事者（相手方）が業務中であった場合
　所属事業場名称
　所在地
　郵便番号　－　　電話　－
　代表者（役職）
　　　　（氏名）

5　災害調査を行った警察署又は派出所の名称
　　川越　警察署　　○○　係（派出所）

6　災害発生の事実の確認者（5の災害調査を行った警察署又は派出所がない場合に記入してください）
　氏名
　住所
　郵便番号　－　　電話　－

7　あなたの運転していた車両（あなたが運転者の場合にのみ記入してください）

車種	大・普・特・自二・軽自・原付自	登録番号（車両番号）		
運転者の免許	有／無	免許の種類	免許証番号	資格取得　年　月　日	有効期限　年　月　日まで	免許の条件

147

《労災に関する手続のＱ＆Ａ》

● 負傷した当日に病院に行かなかった場合は，治療費の支給は受けられないのですか。

　負傷した当日には病院に行かず，翌日に行ったり，数日間自宅で様子を見たりすることは，よくあります。そのような場合は，なぜ負傷当日に病院に行かなかったのか，病院に行かない間どのようにしていたのか，といったことを確認して，請求書に記入します。日曜日のため病院に行けなかった，湿布を貼っていた，などの情報が出てきますから，しっかりと記録をとっておきましょう。

● 業務災害や通勤災害の場合に，健康保険の被保険者証を使ったときは，どうなりますか。

　何もせずそのままにしておくと，健康保険から，傷病の原因を記入する書類が届きます。それを記入し提出すると，「労災保険を使うべきだったので，健康保険にお金を返してください」という通知が来て，返金することになります。その後，労災保険に「療養の費用の支給」を請求します。

　このように，違う保険を使うと，後で煩雑になりますので，注意しましょう。月が変わる前なら，業務災害または通勤災害であることを病院に伝えれば，労災保険に切り替えてもらえます。

● 通勤災害の場合も，治療費は無料になるのですか。

　通勤災害の場合は，休業4日目から支給される休業給付の初回支給分から，原則200円の一部負担金が控除されます。この一部負担金は，休業が3日以内のとき，第三者行為災害のときなどには，徴収されません。

●業務災害と通勤災害との違いを，会社の対応の面から説明してください。

　業務災害に関する保護は昭和22年から行われています。労働基準法によって会社に災害補償を義務づけるとともに，労災保険で保護される部分は責任を免除する仕組みです。業務災害による傷病の治療のために休業している従業員は，その期間とその後30日間は解雇できないことも，注意が必要です。

第7章　労災に関する手続

　一方，通勤災害に関する保護は，昭和48年に始まりました。通勤災害が起こっても，会社に災害補償義務はありません。また，通勤災害による傷病の治療のために休業している従業員について，業務災害の場合のような解雇制限はありません。

● 業務災害で，治療を受けた病院で処方箋をもらい，近くの薬局で薬を出してもらいました。この場合は，病院だけに治療費の請求書を出しておけばよいのですか。

　院外薬局の場合は，薬局にも，「療養補償給付たる療養の給付請求書」（様式第5号）を出すことになります。

● 業務災害による負傷で，柔道整復師の施術を受けた場合の費用は，どのような流れで支給されますか。

　この場合は，「療養補償給付たる療養の費用請求書」（様式第7号）のうち，(3)の用紙を使います。用紙の右上に，㊝という印があるものです。裏面には，柔道整復師に労災保険の給付の受領を委任する「委任状」の欄があります。

● 社労士の注意点として，機械による事故は現場を見に行くのがよいということですが，同じ型番のものをネットで見れば済むのではないでしょうか。

　ネットでは，その機械の形を見ることはできますが，事故が起こったときにどの場所にあり，どのような状況で動かしていたかは，見に行かなければわかりません。機械による事故は，労働基準監督署が安全面の確認に来ることがありますから，社労士としても責任をもって対応してください。

● 休業補償給付は平均賃金の6割ということですが，実際には8割支給されていました。なぜですか。

　8割のうち2割は，「休業特別支給金」です。特別支給金は，障害補償給付，遺族補償給付等についても設けられています。労災保険に加入していれば，要件に該当する限り，特別支給金も自動的に支給対象となります。

● 第三者行為災害の場合は，労災保険と損害賠償との調整が行われるそうですが，特別支給金も調整されるのですか。

特別支給金は，調整の対象外です。たとえば，休業補償給付が，損害賠償との調整によって支給されない期間についても，休業特別支給金は支給されます。

● 業務災害で長期間休業している従業員のところに，労働基準監督署から，「傷病の状態等に関する届」という用紙が届きました。これは何ですか。

治療を始めてから1年6か月を経過すると，その時点で一度，傷病補償年金の支給対象となるかどうかの判断が行われます。まず，「傷病の状態等に関する届」に，病院で作成してもらった診断書を添付して提出してください。傷病補償年金の支給要件（かなりの重症）に該当すれば，労働基準監督署が職権で年金の支給決定をします。

傷病補償年金の支給要件に該当しなければ，引き続き，請求により休業補償給付が支給されます。その後は，毎年1月分の休業補償給付を請求する際に，「傷病の状態等に関する報告書」を提出します。これも，傷病補償年金に切り替えるための判断材料となる書類です。

● 業務災害で障害が残り，障害等級8級に該当すると言われました。どのような給付を受けられますか。

障害等級8級に対応する給付は，給付基礎日額の503日分の「障害補償一時金」です。障害補償給付は，障害等級1級から7級までが障害補償年金（給付基礎日額の131日分〜313日分の年金）で，障害等級8級から14級までが障害補償一時金（給付基礎日額の56日分〜503日分の一時金）となっています。

ほかに，障害特別支給金（8級は65万円）が支給されます。直近1年間に賞与の支払いがあれば，それに基づいて算定された日額を用いて，障害特別一時金（8級は503日分）も支給されます。

● 労災保険の遺族補償給付の内容は，具体的には，どのようになっていますか。

まず，遺族補償年金の受給権者がいるかどうかを確認します。次の表にあてはまる人（受給資格者）のうち，順位が一番上の人が，受給権者です。従業員の死

亡当時に，一定の障害の状態（労災保険の障害等級の5級以上など）にあれば，年齢を問わず，受給資格者となります。

〈遺族補償年金の受給資格者の範囲〉

順位	続柄	年齢または障害要件
①	妻	なし
①	夫	60歳以上または一定の障害の状態
②	子	18歳到達年度末までの間にあるか，一定の障害の状態
③	父母	60歳以上または一定の障害の状態
④	孫	18歳到達年度末までの間にあるか，一定の障害の状態
⑤	祖父母	60歳以上または一定の障害の状態
⑥	兄弟姉妹	18歳到達年度末までの間にあるか，60歳以上または一定の障害の状態
⑦	夫	55歳以上60歳未満で障害要件にも該当しない（若年停止対象者。60歳になるまでは年金額の計算の基礎にも入らない）
⑧	父母	
⑨	祖父母	
⑩	兄弟姉妹	

（いずれも生計維持要件を問われる。婚姻，死亡等により受給権を失ったときは，次順位の人に受給権が移る）

〈遺族補償一時金〉

　遺族補償年金の支給対象者がいない場合は，遺族補償一時金（給付基礎日額の1,000日分）が支給されます。55歳未満で一定の障害の状態にない父母のみが残された場合などが，これに該当します。

　全員が遺族補償年金の受給権を失った場合も，すでに支給した額と給付基礎日額1,000日分との差額があれば，その金額が遺族補償一時金として支給されます。

　遺族の続柄は被災労働者の死亡当時で判断されますので，たとえば再婚により遺族補償年金の受給権を失った配偶者も，遺族補償一時金の支給対象となります。

〈遺族補償年金前払一時金〉

　遺族補償年金は，年6回に分けて支給され，支払期月は原則として偶数月です。年金額は，遺族の数（受給権者および受給権者と生計を同じくしている受給資格者の合計人数）により，給付基礎日額の153日分から245日分までの間で決定されます（遺族の数が変わったときは翌月から増額または減額される）。

　たとえば，遺族が4人で，給付基礎日額が1万円だとすると，年金額は245万円です。これが6分割されますから，1回当たりの支給額は2か月分で約40万円です。一家の大黒柱が亡くなったばかりなのに，これでは心もとないことです。

　そこで，多くの場合，遺族補償年金前払一時金も同時に請求します。給付基礎日額の200日分から1,000日分まで選択できますが，1回限りの請求なので，1,000日分を選びましょう。そうすれば，給付基礎日額が1万円の場合は，1,000万円の一時金が支給されます。

〈特別支給金〉

　遺族補償給付に関する特別支給金には，300万円の一時金（遺族特別支給金）や，直近1年間の賞与から算定される「遺族特別年金」，「遺族特別一時金」があります。

● 老齢厚生年金を受給している従業員が，業務災害で負傷しました。厚生年金と労災保険の給付は調整されると聞きましたが，この場合はどうなりますか。

　労災保険の年金と，国民年金や厚生年金の年金は，同一の事由の場合に調整が行われます。老齢給付と労災保険の調整はありません。

● 業務災害による傷病について，会社がめんどうを見られる範囲であれば，労災保険を使わなくてよいのですか。

　けがや病気は，最初は軽症だとしても，意外と長引いたり，悪化したりすることがあります。労災保険の療養補償給付なら，現代医学の限界まで，原則として無料で治療を受けることができます。

　また，障害が残った場合には，会社に，障害補償（障害等級に応じ，最大で平均賃金の1,340日分）を支払う義務があります。しかし，労災保険の障害補償給付が支給されれば，会社は，障害補償の義務を免れます。

これらのほか，労災保険では，遺族に対して支給されるものも充実しています。たとえば，60歳のお母さんが遺族補償年金の受給権者となった場合には，給付基礎日額（原則として平均賃金と同様に算定する）の153日分の年金が，死亡等で失権しない限り一生支給されます。ほかに，「遺族特別支給金」として300万円が支給され，遺族補償年金の一部をまとめて支給する「遺族補償年金前払一時金」（最大で給付基礎日額の1,000日分）の制度もあります。

学齢期の子が残された場合には，「労災就学援護費」として学費が補助される制度もありますし，最近では介護も労災保険の支給対象となりました。介護補償給付は，労働基準法には規定がない，労災保険独自の保護です。労災保険は，労働基準法によって会社に課せられている災害補償義務よりも，幅広い内容が保障されているのです。

このように，内容が充実している労災保険をスムーズに利用するために，会社は労災保険の保険料を全額負担しています。保険料の徴収に関する書類を適正に提出していない会社については，保険給付に要した費用を，政府が最大100％徴収する仕組みもあります。

公的な制度を利用できる体制を整え，いざというときは安心して使える流れを作っておくことが，本当の意味で従業員や遺族のためになります。それは，会社をよりよくしていくことにもつながっていくでしょう。

【労災保険の保険給付】

　労災保険の保険給付には，さまざまなものがあります。次の表は，業務災害に関する主な保険給付です。それぞれの保険給付の名前から「補償」の２文字を取ると，通勤災害に関する保険給付の名前となります。

療養補償給付	労災指定病院の場合は「療養の給付」となり，請求書は病院経由で提出する。労災指定病院でない場合や装具を作ったときは「療養の費用の支給」となり，請求書は直接労基署へ提出する。
休業補償給付	原則，１日につき給付基礎日額の６割
傷病補償年金	給付基礎日額の245〜313日分
障害補償年金	給付基礎日額の131〜313日分（障害等級７級以上）が支給され，一部を前払一時金として受け取ることもできる。また，早期に死亡した場合は遺族に障害補償年金差額一時金が支給されることもある。
障害補償一時金	給付基礎日額の56〜503日分（障害等級８級以下）
介護補償給付	傷病補償年金または障害補償年金の受給権者で一定のものが対象。常時介護か随時介護かで支給額が異なる。
遺族補償年金	給付基礎日額の153〜245日分が支給され，一部を前払一時金として受け取ることもできる。
遺族補償一時金	最大で給付基礎日額の1,000日分

　労災保険は，支給が始まるまでが大変です。いくら尋ねても状況がわからないこともありますし，何ひとつ情報が入ってこないこともあります。それでも，それらの「尋ねた」「情報を催促した」記録は，後々まで重要になります。本人が意識不明の状態となったり，何年も経ってから障害が残ったり，いろいろなケースがありますが，憶測ではなく事実を積み重ねて対応しましょう。

○http://www.mhlw.go.jp/bunya/roudoukijun/rousaihoken.html　厚生労働省「労災保険制度」障害等級表，リーフレット一覧など

第8章

労働保険の加入と保険料に関する手続

43　保険関係成立届

〔使う時期〕最初に従業員を雇ったとき
〔記入する際の注意点〕賃金総額の見込額を確認する
〔提出時期〕保険関係が成立した日の翌日から10日以内
〔提　出　先〕事業所の所在地を管轄する労働基準監督署または公共職業安定所

【人事労務担当者は，ここに気をつけて！】

　労災保険と雇用保険を総称して，「労働保険」といいます。いずれも従業員に関する保険なので，1人でも従業員を雇ったときには，この届を提出することになります。ただし，個人経営の農林水産業で小規模のものは，労災保険・雇用保険の加入は任意とされています。

　労災保険が強制的に適用される場合は，**初めて従業員を雇ったその日から，自動的に労災保険に加入**します。これを，「保険関係が成立した」という言い方をします。**保険関係成立届の提出が遅れても，労災保険はあるのですから，事故があっても従業員は保護されます。しかし，会社は，保険給付に要した費用の最大100％を徴収されることがあります。事故が起こってから慌てるのは，誰によってもよくないので，保険関係成立届は早めに提出しておきましょう。

・行政から指導を受けたが提出していない場合は，100％徴収。
・行政から指導を受けていなくても，保険関係成立から1年間提出していなければ，40％徴収。

【社労士は，ここを確認して！】

　保険関係成立届は，提出期限が短いので，**いつでも使えるように用紙を準備**しておきましょう。用紙は，労働基準監督署か労働局でもらえます。

　具体的な提出期限を見てみましょう。平成30年6月25日に保険関係が成立した飲食店は，翌日（6月26日）から数えて10日目の7月5日までに提出します。賃金総額の見込額は，**翌年3月までの金額です。**労働保険事務組合に労働保険事務の処理を委託する場合は，労働保険事務組合に預けて提出してもらいます。

○http://www.mhlw.go.jp/new-info/kobetu/roudou/gyousei/hoken/dl/040330-
　2b.pdf　　厚生労働省「労働保険の成立手続はお済みですか」

第8章 労働保険の加入と保険料に関する手続

44　労働保険料申告書

〔使う時期〕最初に労働保険に加入したときと，継続事業は毎年6月～7月
〔記入する際の注意点〕保険料率を確認する
〔提出時期〕保険関係成立日の翌日から50日以内（有期事業は20日以内），年度更新は7月10日まで
〔提　出　先〕労働局（労働基準監督署または日本銀行経由）（令和2年1月より，一定の場合は，年金事務所または公共職業安定所経由での提出が可能）

【人事労務担当者は，ここに気をつけて！】

　労働保険に加入したときは，保険関係成立届のほかに，保険料額の申告と納付もしなければなりません。労働保険料申告書の提出期限は，次のように定められています。

	継続事業	有期事業
保険関係成立時	保険関係成立日の翌日から50日以内	保険関係成立日の翌日から20日以内
年度更新	毎年7月10日まで	なし

　ここでいう「有期事業」は，一定以上の規模の建設の事業か立木の伐採の事業です。それ以外は，「継続事業」に分類されます。
　「年度更新」は，継続事業の場合に行います。前年度の保険料の確定額を申告して過不足を精算し，同時に，新年度の保険料額の概算を申告する手続です。
　有期事業の場合は，事業が終了してから，保険料額の精算を行います。

【社労士は，ここを確認して！】

　概算で申告する保険料は，一定の場合は分割して納付することができます。（☞Q&A）たとえば，平成30年6月25日に保険関係が成立したときは，原則として保険料額が**40万円**（労災保険か雇用保険の片方のみなら**20万円**）以上であれば2分割が可能で，8月14日までに半分納め，残りは原則として1月31日までに納付します。
　分割して1円未満の端数が生じたときは，それが3の端数なら第1期の納付額

が1円多くなります。6の端数なら，第1期の納付額が2円多くなります。ただ，**「1回で払ったほうが楽」という会社もあります**ので，分割にするかどうかはそのつど確認しましょう。

継続事業の2年度目以降は，毎年7月10日までに確定保険料と概算保険料を申告します。以下に，労災保険と雇用保険の，それぞれの注意点をあげておきます。

＜労災保険＞

労災保険の基本的な対象者は，「労働基準法上の労働者」です。代表者・代表者の同居の親族・非常勤役員以外なら，だいたいの人はこれに該当します。所定労働日数や所定労働時間が多いか少ないかは，関係ありません。たとえば週に1回しか働かない人でも，労災保険の対象です。**国籍も問いません。**

なお，代表者やその家族従業者であっても，所定の手続をすれば，労災保険に特別加入することができます。(☞Q＆A)

労災保険率は，危険度に応じて，原則的なものが定められています。労災が発生しやすいと考えられるトンネル工事等は労災保険率が高く設定され，飲食店等は低く設定されています。3年に1回改定されますので，改定されたときは，計算間違いをしないように気をつけましょう。平成30年度は新たな労災保険率になり，多くの業種について労災保険率の引下げが行われました。

前年度と新年度で労災保険率が変わらず，賃金の総額にも大きな変動（**2倍超えまたは半分未満**）がなければ，労災保険料の確定額と概算額は同じになります。

＜雇用保険＞

雇用保険の対象者は，平成29年1月1日施行の法改正により，年齢制限が撤廃されました。以前は，65歳以後に新たに就職した場合は，一定の季節労働者か一定の日雇労働者でない限り，雇用保険に入れませんでした。現在は，65歳以後の新たな就職でも雇用保険に加入します。ただ，法改正前の名残で，平成31年度までは，**4月1日に64歳以上の人は**，雇用保険料が免除されています。このため，保険料申告書に**「高年齢労働者分」**という欄があり，64歳以上の人を雇用保険料の算定から除外する形になっています。

年度更新は，労災保険や雇用保険の対象者を正しく把握するためのよい機会です。**雇用保険の加入もれ**等を見つけた場合は，加入の基準を説明し，資格取得手続を促しましょう。

労働保険 概算・増加概算・確定保険料 申告書 / 石綿健康被害救済法 一般拠出金

様式第6号（第24条、第25条、第33条関係）（甲）（1）（表面）

継続事業（一括有期事業を含む。）

提出用

平成30年 7月 3日

あて先 〒330-6016
さいたま市中央区新都心11番2
ランド・アクシス・タワー15階

埼玉労働局
労働保険特別会計歳入徴収官殿

種別 **32700**

①労働保険番号

②増加年月日

③事業廃止等年月日

④常時使用労働者数 **10**

⑤雇用保険被保険者数 **3**

確定保険料算定内訳

算定期間 平成 年 月 日 から 平成 年 月 日 まで

⑦区分	⑧保険料・一般拠出金算定基礎額	⑨保険料・一般拠出金率	⑩確定保険料・一般拠出金額（⑧×⑨）
労働保険料 (イ)	千円	1000分の	円
労災保険分 (ロ)	千円	1000分の	円
雇用保険法適用者分 (ハ)	千円		
高年齢労働者分 (ニ)	千円	1000分の	
保険料算定対象者分 (ホ)	千円	1000分の	円
一般拠出金 (ヘ)	千円		円

概算・増加概算保険料算定内訳

算定期間 平成30年 6月25日 から 平成31年 3月31日 まで

⑪区分	⑫保険料算定基礎額の見込額	⑬保険料率	⑭概算・増加概算保険料額（⑫×⑬）
労働保険料 (イ)	千円	1000分の	**142866** 円
労災保険分 (ロ)	**15222** 千円	3	**45666** 円
雇用保険法適用者分 (ハ)	**10800** 千円		
高年齢労働者分 (ニ)	千円	1000分の	
保険料算定対象者分 (ホ)	**10800** 千円	1000分の 9	**97200** 円

㉒延納の申請 納付回数 **1**

㉓申告済概算保険料額

㉔増加概算保険料額

	概算保険料額	労働保険料充当額	不足額	今期納付額	一般拠出金充当額	一般拠出金額	今期納付額
第1期	**142,866** 円						**142,866** 円
第2期	円						
第3期	円						

事業又は作業の種類 **飲食店**

保険関係成立年月日 平成30年 6月25日

郵便番号 **350-0838** 電話番号 **(049) xxx - xxxx**

加入している労働保険 (イ)労災保険 (ロ)雇用保険

事業主 (イ)所在地 **川越市 宮元町 1-2-X**
(ロ)名称 **株式会社 八幡屋**

(イ)住所 **川越市 宮元町 1-2-X**
(ロ)氏名 **株式会社 八幡屋 代表取締役 八幡 正** 印

第8章 労働保険の加入と保険料に関する手続

45　一括有期事業報告書

〔使う時期〕一括有期事業の確定保険料を申告するとき
〔記入する際の注意点〕元請として行った事業について報告する
〔提出時期〕7月10日まで（年度更新の場合）
〔提　出　先〕事業所の所在地を管轄する労働基準監督署を経由して労働局へ

【人事労務担当者は，ここに気をつけて！】

　建設の事業または立木の伐採の事業で，小規模のものは，1年ごとに取りまとめて保険料額を精算します。商店等と同じように，年度更新をするわけです。

　それぞれの事業を開始したときは，そのつど「一括有期事業開始届」を翌月10日までに提出し，年度末にこの用紙で報告をします（ただし，一括有期事業開始届は平成31年3月までで廃止予定）。報告書に記入するのは，**3月31日までに終了している事業**です。

　記入するときは，労災保険上の**「事業の種類」**ごとに用紙を用意します。たとえば，建設の事業は，家の新築，改築，解体，足場を組む外装工事，水道管の新設，河岸の補修，駐車場の屋根の修理などさまざまなケースがあります。事業の種類によって「労務費率」や「保険料率」が異なり，保険料の額に影響しますので，詳しく記入してください。

【社労士は，ここを確認して！】

　建設の事業を行う会社には，毎年，3月31日までに終了した元請工事があるかどうか問い合わせましょう。余裕をもって保険料額を計算するため，早めに詳細を教えてもらうことが大切です。

　工事の概要がわかったら，事業の種類ごとに分けて，保険料を計算していきます。**どの事業に該当するのかわからないとき**は，労働基準監督署に電話をすれば教えてもらうことができます。

　事業の種類が何種類にも分かれ，送付された用紙だけでは足りないときは，労働基準監督署に備えてあるものをもらいに行くなどして補充しましょう。

○ http://www.mhlw.go.jp/bunya/roudoukijun/roudouhoken01/yousiki.html
　厚生労働省「労働保険関係各種様式」（エクセル）

第8章 労働保険の加入と保険料に関する手続

様式第7号（第34条関係）（甲）

労 働 保 険
一括有期事業報告書（建設の事業）

（正）

労働保険番号							
府県	所掌	管轄	基幹番号	枝番号			1枚のうち 1枚目
11	1	01	500xxx	000			

事業の名称	事業場の所在地	事業の期間	請負金額の内訳				②労務費率	③賃金総額
			①請負金の額	㋺請負金額に加算する額	㋩請負代金から控除する額	㊁請負金額 (①+㋺-㋩)		
△△邸新築工事	さいたま市浦和区 常盤6-x-x	30年5月7日から 30年11月5日まで	25,000,000円	円	円	25,000,000円	23	5,750,000円
○○ハイツ新築工事	さいたま市浦和区 高砂3-x-x	30年11月22日から 31年2月8日まで	52,000,000			52,000,000	23	11,960,000
		年 月 日から 年 月 日まで						
		年 月 日から 年 月 日まで						
		年 月 日から 年 月 日まで						
計			77,000,000			77,000,000		17,710,000

事業の種類　建築事業

31 年 7 月 3 日

前年度中（保険関係が消滅した日まで）に廃止又は終了があったそれぞれの事業の明細を上記のとおり報告します。

埼玉 労働局労働保険特別会計歳入徴収官 殿

事業主

住所　さいたま市浦和区○○5-x-x
氏名　BF建設 株式会社
（法人のときはその名称及び代表者の氏名）

郵便番号（330 - xxxx）
電話番号（048-xxx-xxxx）

記名押印又は署名
事業主印

社会保険労務士記載欄	作成年月日・提出代行者・事務代理者の表示	氏名	電話番号
		㊞	

（注意）
①報告書の記載に当たっては、平成19年3月31日までに事業（工事）を開始したものと、同年4月1日以降に事業（工事）を開始したものとを区別とすること。
②社会保険労務士記載欄は、この報告書を社会保険労務士が作成した場合のみ記載すること。

46　労働保険料等算定基礎賃金等の報告

〔使う時期〕3月の賃金を支払った後
〔記入する際の注意点〕特別加入者の「希望する給付基礎日額」を忘れずに
〔提出時期〕委託している労働保険事務組合が指定する日まで
〔提　出　先〕委託している労働保険事務組合

【人事労務担当者は，ここに気をつけて！】

　この書類は，「賃金報告」と呼ばれています。労働保険事務組合に労働保険事務の処理を委託している場合に，毎年，指定の日までに提出します。**非常に早い時期を指定される**場合もありますので，日頃から，労災保険料と雇用保険料の対象となる人の賃金を月ごとに集計しておくとよいでしょう。

　この書類を提出すると，労働保険事務組合が保険料を計算し，知らせてくれます。分割納付の場合は，その後，第2期・第3期の納期限前に，納期限と納付額を知らせるハガキが送付されます。

【社労士は，ここを確認して！】

　労災保険料の対象者と雇用保険料の対象者を，慎重に分けて計算しましょう。
　労災保険の「常用労働者」には，**雇用保険の対象とならない昼間学生**も含みます。
　雇用保険の欄は，確定した年度の4月1日（平成30年4月1日～平成31年3月31日の期間なら，平成30年4月1日）に64歳以上の人について，「うち高年齢労働者分」に記入します。この人の分は，雇用保険の「被保険者」全体の金額にも含めることに注意してください。
　用紙の右上の「**特掲事業**」は，一般の事業よりも雇用保険料率が高い事業です（農林水産業，清酒製造業，建設業等）。
　保険料を一括でなく分割で納付する場合は，「延納　イ．する　ロ．しない」のイに○をすることを忘れないようにしましょう。特別加入者がいる会社には，「希望する給付基礎日額」の変更の有無も確認してください。

○http://www.mhlw.go.jp/bunya/roudoukijun/roudouhoken01/yougo.html
　厚生労働省「労働保険関係用語集」

第8章 労働保険の加入と保険料に関する手続

《労働保険の加入と保険料に関するQ＆A》

● 労災保険の保険料を計算するとき，1日しか在籍しなかった人も含めるのですか。

働いたのがたった1日でも，たった1時間でも，労災保険料の計算に含めます。

● 概算保険料の分割について，分割できる回数や，分割できない場合を教えてください。

継続事業は10月1日以降に保険関係が成立した場合，有期事業は事業の全期間が6か月以内の場合には，分割することができません。

具体的には，継続事業については，次のように区分されています。

保険関係成立日	分割できる回数と納期限
4／1〜5／31	3分割できる
	第1期の分は保険関係成立日の翌日から50日以内に納付する
	第2期の分は原則として10月31日までに納付する
	第3期の分は原則として1月31日までに納付する
6／1〜9／30	2分割できる
	第1期の分は保険関係成立日の翌日から50日以内に納付する
	第2期の分は原則として1月31日までに納付する
10／1以降	分割できない

● 口座振替の場合は，保険料の納期限が遅く設定されていると聞きました。

年度更新の際の第1期の納期限は7月10日ですが，口座振替の場合は9月6日とされています。第2期（原則10月31日）は11月14日に，第3期（原則1月31日）は2月14日となります。ただし，第1期から口座振替を利用するには，2月25日までに申し込むこととされています。

申込みは，金融機関の窓口で行います。

納　　期	第1期	第2期	第3期
申込締切	2月25日	8月14日	10月11日

○http://www.mhlw.go.jp/stf/seisakunitsuite/bunya/koyou_roudou/roudoukijun/hoken/hokenryou/index.html　厚生労働省「労働保険料等の口座振替納付」

● 労働保険事務組合に委託するメリットを教えてください。

　まず，保険料の金額を問わず，一括でなく分割で納付することが可能です。労働保険事務組合に委託していない場合は，次のように，金額によっては一括納付をしなければなりません。

＜分割できるかどうかの金額のわかれ目＞

継続事業	概算保険料が40万円（労災保険か雇用保険のどちらかのみであれば，20万円）以上
有期事業	概算保険料が75万円以上

　労働保険事務組合に委託していれば，概算保険料がたとえば1万円でも，10万円でも，他の要件に該当すれば分割することができます。

　ほかに，継続事業なら概算保険料の第2期の納期限が11月14日になり，第3期の納期限が2月14日になるというメリットもあります。

　また，中小事業主や，その家族従事者が労災保険に入れる「特別加入」は，労働保険事務組合に委託していることが要件となっています。

　さらに，全国労働保険事務組合連合会が行っている「労働災害保険」に加入すると，労災保険の保険給付に上乗せして補償を受けることができます。たとえば，休業補償給付（給付基礎日額の6割）と休業特別支給金（給付基礎日額の2割）に加えて，休業保険金（給付基礎日額の2割）が支給されます。障害保険金，死亡保険金，死亡弔慰金もあります。

○http://www.rouhorentokyokai.org/wp/wp-content/uploads/hoken-pamph.pdf
　労保連労働災害保険パンフレット

● 特別加入の概略を教えてください。

　中小事業主等についても，労災保険の適用を可能とする制度です。中小事業主は従業員と同じ仕事をすることが多く，その中で事故が起こったときには，従業員と同様に労災保険を使えるようにしているのです。

　たとえば，中小事業主が仕事中に負傷し，治療のためにしばらく働けない場合には，療養補償給付（治療費）と休業補償給付（1日当たり給付基礎日額の6割）を受給できます。休業補償給付に用いる「給付基礎日額」は，特別加入者の場合は原則3,500円から25,000円までの16段階の中から選んで申請します。給付基礎日額が20,000円の場合を考えると，休業補償給付の額は，1日当たり12,000円です。ほかに，休業特別支給金（給付基礎日額の2割）も，1日当たり4,000円の計算で支給されることになります。

　特別加入は，いつでも申請することができます。息子さんや娘さんが会社を手伝い始めたのをきっかけに，加入することが多いようです。

● 中小事業主の特別加入には，業種や規模の制限はありますか。

　業種によって，次のように規模の要件が定められています。これは，労働保険事務組合に労働保険事務の処理を委託できる中小事業主の規模と同じです。

金融業，保険業，不動産業，小売業	常時使用労働者数50人以下
卸売業・サービス業	常時使用労働者数100人以下
その他の業種	常時使用労働者数300人以下

● 特別加入した場合の保険料の額は，高額なのでしょうか。

　平成30年度の小売業の例で考えてみましょう。小売業の労災保険率は，原則として1,000分の3です。特別加入者の給付基礎日額が最高の25,000円の場合は，次のように計算します。

　　保険料算定基礎額…25,000円×365日＝9125,000円
　　労災保険料…………9,125,000円×3/1,000＝27,375円

「年間でこのくらいなら,とりあえず入っておこうかな」と考える事業主が多いようです。

● 特別加入には,中小事業主のほかに,どんなものがありますか。

大工,個人タクシー業者等が対象の「一人親方等」と,海外派遣者の特別加入があります。

● 特別加入者は,通勤中の災害も保護されますか。

基本的には保護されます。ただし,「一人親方等」のうち,個人タクシー業者など通勤の実態がはっきりしない人は保護されません。

● 最寄りの労働保険事務組合の所在地等を調べるときは,何を見たらよいですか。

都道府県労働局のホームページで,事務組合名簿を見ることができます。会費などは事務組合ごとに異なりますので,事務組合に問い合わせてください。

● 一般拠出金とは,何ですか。

石綿によって職業病にかかった人たちの救済にあてるためのお金です。労災保険に加入しているすべての事業主が,同じ率で負担しています。現在は,労災保険料の算定基礎となる賃金総額(確定した年度のもの)に対し,1,000分の0.02です。

石綿による健康被害は,発症までに時間がかかることが多く,最近になって深刻な社会問題であることが広く知られるようになりました。労働安全衛生法では,石綿を取り扱う仕事について,健康診断の結果を会社が40年間保存するように定めています。

【３６協定のポイント】

　時間外労働や休日労働については，災害など臨時の場合を除き，労使協定を締結し，労働基準監督署に提出しておかなければなりません。これは労働基準法36条に規定されているため，一般に「３６（さぶろく）協定」と呼ばれています。
　３６協定を提出すると，労働基準法に違反しないという"免罰効果"が生じます。ただし，従業員が時間外労働や休日労働をする民事上の義務は，就業規則等の根拠から生じます。
　最近では，過労死に関する報道から，時間外労働には原則として「限度時間」があること，限度時間は１か月45時間，１年360時間などとされていることが広く知られるようになりました。ほかにも，社労士と人事労務担当者が共に気をつけなければならない次のようなポイントがあります。

① 　協定当事者
　労働基準法41条２号に該当する管理監督者は，労働時間・休憩・休日の規定が適用されないため，従業員の代表となることはできません。それから，従業員側の代表者は，３６協定を締結するという目的を明らかにして，民主的に（挙手，投票等によって）選ばれた人でないと，効力がありません。会社側が指名することはできないのです。

② 　「１回出したら終わり」ではない
　３６協定は，内容が変わらなくても，毎年提出する必要があります。たとえば，４月１日から１年間の協定なら，３月中に提出しなければなりません。毎年の定型業務と考えて，絶対に忘れないようにしましょう。

③ 　限度時間が適用されない仕事もある
　現在，建設業，自動車の運転の業務等には，限度時間の適用がありません。ただし，自動車の運転の業務について，拘束時間の限度等が定められています。
○http://www.mhlw.go.jp/stf/seisakunitsuite/bunya/koyou_roudou/roudoukijun/gyosyu/roudoujouken05/index.html　厚生労働省「自動車運転者の労働時間等の改善の基準」

第9章

年金に関する手続

47　70歳到達届

〔使う時期〕厚生年金保険に加入している従業員が70歳になったとき（70歳前から引き続き在職する人について，報酬の額が変わらない場合は届出不要）
〔記入する際の注意点〕資格喪失の年月日は70歳の誕生日の前日
〔提出時期〕5日以内
〔提 出 先〕年金事務所（事務センター郵送も可）

【人事労務担当者は，ここに気をつけて！】

　厚生年金保険は，70歳になるまでは強制加入とされています。厚生年金保険の被保険者である間は，一定の場合，老齢厚生年金の全部または一部が支給停止されます。さらに，70歳以上でも，厚生年金保険の被保険者と同じように働いているなら，70歳前と同じように老齢厚生年金の支給停止が行われます。その支給停止額の計算をするために提出を求められるのが，この書類なのです。

　一方，勤務形態が変わり，厚生年金保険の被保険者にならない程度の働き方で引き続き在職する人については，年金の支給停止は行われません。このような人については，「70歳以上被用者不該当届」を提出してください。なお，短時間労働者については，「１週間の所定労働時間及び１月間の所定労働日数が通常の労働者の４分の３以上の者等は，厚生年金保険の被保険者」という基準があります。

【社労士は，ここを確認して！】

　70歳以上被用者については，次の計算式で老齢厚生年金が支給停止されます。

（総報酬月額相当額＋基本月額－支給停止調整額）×1/2＝支給停止月額

　令和元年度の支給停止調整額は，47万円です。例年，１月の終わり頃に，新年度の金額が発表されます。

　この支給停止は，会社の役員さんについて問い合わせを受けることが多いので，計算できるようにしておきましょう。問い合わせを受けたときは，年金額の見込額等の資料を見せてもらいながら慎重に回答してください。

〇http://www.nenkin.go.jp/service/kounen/kenpo-todoke/hihokensha/20140218.html　　日本年金機構「従業員が70歳になったとき」

第9章 年金に関する手続

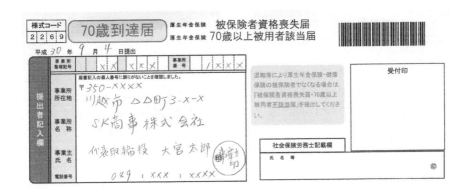

48　国民年金第3号被保険者関係届

〔使う時期〕国民年金第2号被保険者の被扶養配偶者となったとき
〔記入する際の注意点〕第2号被保険者と同居の場合も住所を記入する
〔提出時期〕第3号被保険者となってから14日以内
〔提 出 先〕年金事務所（事務センター郵送も可）

【人事労務担当者は，ここに気をつけて！】

　国民年金第3号被保険者は，国民年金の第2号被保険者（厚生年金保険の被保険者）に扶養されている20歳以上60歳未満の配偶者が，**個人負担なしで将来の年金を準備できる**制度です。「扶養」の基準は健康保険と同じで，年収130万円未満等の要件を満たす人です。

　この制度は，昭和61年4月1日に始まりました。その前は，家庭の専業主婦に対する国民年金の適用は，「入りたい人だけ入る」という任意適用の仕組みでした。現在は，専業主婦（夫）も強制適用ですが，自分の収入がないことを考慮して，個人負担なしとしています。ただし，国民年金の保険料は「納付済」として記録され，**老齢基礎年金の受給資格**につながります。老齢基礎年金は，10年加入で受給資格ができ，保険料を40年間納付済の人は満額（平成30年度は779,300円）が支給されます。**40年間，すべてが第3号被保険者の人も，満額の老齢基礎年金を受け取れる**のです。ただし，そのためには，この届を提出しておかなくてはなりません。右の見本は，10代で結婚し20歳到達により提出する例です。

　なお，男性や，外国籍の人，事実婚の人も，生計維持要件等をみたせば，第3号被保険者となります。（令和2年4月1日から「国内居住（原則）」が加わります）

【社労士は，ここを確認して！】

　65歳以上で老齢基礎年金や老齢厚生年金の受給権がある人は，在職中でも，国民年金の第2号被保険者から除外されます。このため，60歳未満の被扶養配偶者は，第3号被保険者でなくなります。**国民年金第1号被保険者として保険料を納付する必要がありますので，注意してください。**

　〇http://www.nenkin.go.jp/service/kokunen/kanyu/ 20150119.html　日本年金機構「3号被保険者の配偶者が65歳になったときの手続き」

第9章　年金に関する手続

様式コード		
4 3 0 0	国民年金	**第3号被保険者関係届**

平成 30 年 9 月 11 日提出（被扶養配偶者が20歳になった例）

提出者情報

- 事業所所在地：〒350-××××　川越市△△町 3-×-×
- 事業所名称：SK商事株式会社
- 事業主氏名：代表取締役　大宮太郎　㊞（事業主印）
- 電話番号：049（×××）××××
- 事業主等受付年月日：平成 30 年 9 月 10 日

日本年金機構

社会保険労務士記載欄

A. 配偶者欄（第2号被保険者）

- ①氏名（フリガナ）：タケカワ　ナツキ／竹河　夏樹
- ②生年月日：昭和 63 年 12 月 03 日
- ③性別：1.男性
- ④個人番号（基礎年金番号）：2×××××××××
- ⑤住所：〒356-0003　埼玉県　ふじみ野市大原 3-×-×

届出内容に応じて、該当・非該当（変更）のいずれかを○で囲み、記入してください。

B. 第3号被保険者欄

- ①この書書記載のとおり届出します。平成 30 年 9 月 9 日
  日本年金機構理事長あて
  氏名（フリガナ）タケカワ　ワカナ／竹河　若葉　㊞
  ※届書の提出は配偶者（第2号被保険者）に委任します ☑
- ②生年月日：平成 10 年 09 月 0 日
- ③続柄（続柄）：2.妻
- ④個人番号（基礎年金番号）：1×××××××××
- 外国籍／外国人通称名
- 住所：同居／〒356-0003　ふじみ野市大原 3-×-×
- 電話番号：1.自宅　049（2××）××××

【該当】
- ⑨第3号被保険者になった日：7.平成 30 0 8 31
- 理由：5.その他（20歳到達）
- 配偶者の加入制度：31 厚生年金保険・健康保険

【非該当（変更）】
- 第3号被保険者でなくなった日：7.平成　年　月　日
- 理由：

医療保険者記入欄

健康保険証の発行元に確認を受けてください。　※届書記載の配偶者が協会けんぽ加入者の場合は、確認不要です。

- 組合（保険者）番号
- 上記のとおり第3号被保険者関係届の届出がありましたので提出します。
- 届書記載の第3号被保険者は、健康保険組合又は共済組合に加入している者の被扶養者であることを確認する。
- 認定年月日：平成　年　月　日
- 所在地：〒
- 名称：
- 代表者等氏名：　㊞
- 電話：（　）

49　65歳になったときの「年金請求書」（ハガキ）

〔使う時期〕65歳以後の本来の老齢厚生年金を受給するとき
〔記入する際の注意点〕繰下げ受給の場合は「繰下げ希望欄」にも記入する
〔提出時期〕65歳になったときまたは繰下げ受給を開始したいとき
〔提　出　先〕日本年金機構本部

【人事労務担当者は，ここに気をつけて！】

　老齢厚生年金は，現在は，原則として65歳支給開始です。しかし，以前は60歳（女性は55歳）から支給することとされていました。このため，経過措置として，現在も60歳代の前半から老齢厚生年金を受け取れる人がいます。60歳代前半の老齢厚生年金は，65歳からの本来の老齢厚生年金とは別のものなので，65歳になったら，あらためて請求の手続をしなければなりません。それが，この書類です。

　65歳になると，老齢基礎年金の支給が始まり，60歳代前半に比べて年金額が増える人もいます。一方，雇用保険の高年齢雇用継続給付は，65歳になると支給されなくなります。

　これらのことを踏まえて，65歳を迎える人と早めに話し合いの場を持つと，その後のこと（契約内容の変更等）が，スムーズに運ぶようになるでしょう。

【社労士は，ここを確認して！】

　65歳になった人について，「年金が止まったと言っているんですが」と，会社から問い合わせが来ることがあります。その場合は，まず，「日本年金機構から送られてきたハガキを出しましたか」と聞いてみましょう。

　このハガキを遅れて提出したときは，まず，65歳になってからハガキ提出までの分の年金が，まとめて支給されます。その後は，2か月に1回，偶数月に，2か月分ずつ支給されます。

　なお，老齢基礎年金や老齢厚生年金は，**支給開始時期を遅くして，増額する**こともできます。これが「繰下げ」で，現在の制度では，**最大で5年遅くして，1.42倍とする**ことが可能です。

○http://www.nenkin.go.jp/service/jukyu/tetsuduki/rourei/20140421-26.html
　　日本年金機構「65歳になったとき（特別支給の老齢厚生年金を受けている方）」

第9章　年金に関する手続

年金請求書（国民年金・厚生年金保険老齢給付）

※ 裏面の注意事項をご覧のうえ、ご記入ください。

請求者の欄	個人番号または基礎年金番号・年金コード	×××× -××××××		生年月日	昭和	年 2	月 8	日 10	01
	住所	〒360-0036 熊谷市桜木町 2-××××		電話番号（048）-（5×××）-（××××）					
				他の年金の管掌機関（制度名）と年金証書記号番号等					
	氏名	（フリガナ）アズマ　トシオ 東　俊夫　㊞		管掌機関			記号番号等		

下記の加給年金額の対象者は、私が生計を維持していることを申し立てます。

加給年金額対象者の欄		（フリガナ）アズマ　ミユキ					他の年金の管掌機関（制度名）と年金証書記号番号等		
	配偶者	氏名	東　みゆき				管掌機関		記号番号等
		生年月日	昭和・平成	30 年	8 月	3 日　障害	氏名	（フリガナ）	
	子	氏名	（フリガナ）				生年月日	平成　年　月　日　障害	
		生年月日	平成　年　月　日　障害						

繰下げ希望欄			
繰下げ受給（66歳以降に受給）を希望される方は、右枠内のいずれかを○で囲んでください。	老齢基礎年金のみ繰下げ希望	老齢厚生年金のみ繰下げ希望	

195-4

50　年金相談の委任状

〔使う時期〕年金相談を依頼されたとき
〔記入する際の注意点〕委任状の署名・押印は依頼者本人が行う
〔提出時期〕年金額等を調べに行く日
〔提 出 先〕年金事務所の窓口または街角の年金相談センター

【社労士は，ここを確認して！】

　年金額や年金の加入期間は，本人や家族が調べることもできますが，社労士が依頼されることもあります。最近では，**相談日時を予約できる**ようになっていますが，それでも，ある程度の待ち時間は覚悟しておきましょう。

　社労士が代わりに年金事務所等に行くときは，「委任状」が必要です。特に定められた様式はありませんが，右ページのものを参考にするとよいでしょう。

　年金相談で一番知りたいのは年金額ですが，その前提として，まず**加入期間を調べる**ことになります。調べていくうちに複数の年金番号が見つかったときは，統合の手続をします。統合の書類には本人の印が必要なので，**持出し可能な印鑑を本人から借りて**，持っていきましょう。

　あらかじめ本人から年金の加入履歴を聞いていても，年金事務所等の窓口で調べると，**本人も忘れていた記録が見つかる**ことがあります。ただ，それが本当にその人のものであるかどうかは，確認してから答えなければなりません。その場で携帯電話で問い合わせてわかれば先へ進めますが，連絡がつかないこともあります。このため，**年金相談は，1日では済まない**と考えて，余裕をもって行いましょう。

　年金の加入期間や見込額の資料は，窓口に出向いた人に渡すか，本人に郵送するか，選択することができます。社労士が窓口に行くのなら，その後の在職老齢年金等のことも考えて，**「受任者に交付を希望する」**にマルをしていきましょう。

　結婚している人については，加給年金額や振替加算も調べるため，**夫婦の年金相談を同時に行います**。旧姓の確認を忘れずに。

○http://www.nenkin.go.jp/service/jukyu/tetsuduki/kyotsu/ 20140306.files/
　consult_01.pdf　　日本年金機構「年金相談を委任するとき」

第9章　年金に関する手続

委　任　状

日本年金機構　○○　年金事務所
街角の年金相談センター＿＿＿＿＿　あて

作成日　平成 30 年 ○ 月 ○ 日

【受任者（来所される方）】

フリガナ	フルカワ　ヒユウ	委任者（ご本人）との関係	社会保険労務士
氏　名	古川　飛祐		
住　所	〒3xx-xxxx　○○市○○町 x-x-x	電話（0xx）xxx-xxxx	

私は、上記の者を受任者と定め、以下の内容を委任します。

【委任者（ご本人）】

基礎年金番号	xxxx-xxxxxx	年金コード（年金を受けている方のみ）	
フリガナ	ツクシ　タマヨ	生年月日	明治・大正・(昭和)・平成　32 年 11 月 5 日
氏　名	筑紫　玉代　（旧姓 中野）　※署名・押印は必ずご本人が行ってください。 ㊞		
住　所	〒360-0041　熊谷市 宮町 1-xx-x	電話（048）5xx-xxxx	
委任する内容（必ず記入してください）	委任する事項を次の項目から選ぶか、具体的に記入してください。 ①年金の加入期間について ②年金の見込額について 3. 年金の請求について 4. 各種再交付手続きについて（裏面の《来所時等の注意事項》をご確認ください） 5. 死亡に関する手続きについて（注） 6. その他（具体的に記入してください） （　　　　　　　　　　　　　　　　　　　　　　　　　　　　　　） ○ 年金の「加入期間」や「見込額」などの交付について 　　Ⓐ 受任者に交付を希望する　　B. 本人あて郵送を希望する （注）「 5. 」の場合、以下に亡くなられた方について記入してください。		

基礎年金番号		委任者（ご本人）との続柄	
氏　名		生年月日	明・大・昭・平　年　月　日

※裏面の注意事項をお読みいただき、記入漏れのないようにお願いします。
なお、委任状の記入内容に不備があったり、本人確認ができない場合はご相談に応じられないことがあります。

51　年金請求書（国民年金・厚生年金保険老齢給付）

〔使う時期〕老齢基礎年金・老齢厚生年金を請求するとき
〔記入する際の注意点〕旧姓，旧住所がわかるようにしておく。添付書類や不明点を電話で問い合わせながら進めると，窓口に行く回数を減らすことができる
〔提出時期〕受給権発生後
〔提出先〕年金事務所または街角の年金相談センター

【社労士は，ここを確認して！】

　この請求書は，現在，記入する必要のある欄が，黄色になっています。記入する内容は，住所・氏名・基礎年金番号・電話番号・受取口座等です。以下に，それぞれの注意点や用意するものを書いておきます。

① 住　　　所

　年金証書は，請求書に記入した住所に郵送されます。住所の変更があった人については，新・旧の両方の住所を把握してから請求に行きましょう。

② 氏　　　名

　旧姓は，委任状のページに記入することになっています。ただし，年金事務所の窓口では，1ページ目から順に見ていくため，最初に旧姓の漢字とフリガナを伝えたほうがよいでしょう。

③ 受 取 口 座

　通帳の，支店名がわかるコピーを添付すれば，金融機関の証明印は不要です。

④ これまでの年金の加入状況

　わかる範囲で記入してください。記入されていない記録が見つかった場合は，窓口で統合できます。このとき，本人の印鑑が必要です。年金請求の代行をするときは，持出し可能な印鑑を借りておきましょう。

⑤ （雇用保険被保険者証を添付できない）事由書

　事業主やその配偶者，最後に雇用保険の被保険者資格を喪失してから7年以上経っている人は，この欄に署名・押印が必要となります。一方，雇用保険被保険者証を添付する必要があるのに紛失している人については，急いで再交付の手続

第9章　年金に関する手続

をしてください。

⑥　所得証明

老齢厚生年金は，年収850万円（年間所得655万5,000円）未満で65歳未満の配偶者がいれば，配偶者加給年金額（年額で約22万円～約39万円）が加算されることがあります。配偶者が65歳になってからは，一定の場合，配偶者の老齢基礎年金に振り替えて加算されます（振替加算，年額で約15,000円～約22万円）。ただし，厚生年金保険に20年以上加入したことがある配偶者については，加算されません。年収は，所得証明で確認します。年金を請求する人の生年月日によって，必要な所得証明の年度が異なります。

⑦　委任状

社労士が代理で請求する場合は，必ず記入してください。身分証明書の持参を忘れないように注意しましょう。

⑧　合算対象期間の確認

年金加入情報として，「国民年金に任意加入できるが任意加入しなかった期間」等を確認するページがあります。これは，いわゆる合算対象期間を申告するものです。昭和36年4月1日から昭和61年3月31日までの旧法の時代は，サラリーマンに扶養されている専業主婦は，国民年金が任意加入とされていました（現在は，第3号被保険者として強制加入）。また，平成3年3月31日までは，学生は任意加入でした。任意加入できた期間に任意加入しなかった人は，その期間を，年金の加入期間に合算することができます。これが，合算対象期間の代表的なものです。年金額の計算の際には考慮されないため，一般に"カラ期間"と呼ばれます。

平成29年8月からは，10年の加入で年金を受給できる制度になりましたが，その前は25年の加入が必要でした。合算対象期間は，現在の年金受給者にとって，25年になるかどうかを見るために欠かせないものだったのです。

そのほか，海外在住の自営業者等が，60歳前に任意加入していない期間は合算対象期間となります。海外進出する人や起業家が増える現代では，この合算対象期間は，一段と重要なものとなっていくでしょう。

⑨　扶養親族等申告書

老齢基礎年金や老齢厚生年金は，課税されます。このため，年金の請求と同時

に扶養親族を申告することになっています。これは，健康保険の被扶養者とは別の話ですから，「税金上の扶養家族はいますか」と，しっかりと確認しましょう。

⑩　必要な書類はどこで確認できる？

年金請求に必要な書類は，社労士が年金事務所に電話で問い合わせれば，丁寧に教えてもらうことができます。請求する人について，氏名・生年月日・基礎年金番号・住所を把握したうえで問い合わせましょう。特に，所得証明の年度について，慎重に確認してください。たとえば，「平成30年度」というのは，平成29年分所得の証明です。

⑪　遅れて請求する場合の注意点

遅れて年金を請求する場合は，必要な年度の所得証明が取れないことがあります。その場合は，代わりに申立書を添付することになります。書式は，その年金事務所で使っているものをもらいましょう。

⑫　60歳代前半の分もあわせて請求する場合

60歳代前半の老齢厚生年金は，65歳になると受給権が消滅します。65歳からの老齢厚生年金と老齢基礎年金は，別途請求することになっています。しかし，中には，60歳代前半の年金を請求せずに65歳になる人もいます。この場合は，1通の年金請求書で，65歳前の分と65歳以後の分を，同時に請求することができます。

⑬　マイナンバーについて

平成30年3月からは，年金の受給手続についても，マイナンバーの取扱いが認められることになっていました。しかし，年金記録の管理に関する問題が発覚したため，政府は平成30年3月20日に，日本年金機構と自治体の連携を延期すると発表しました。具体的には，所得情報の連携開始時期が，現時点で「未定」とされています。今後の動きについては，年金請求のつど，確認したほうがよいでしょう。

なお，マイナンバーの「番号の確認」は，通知カード等がなくても，マイナンバー記載の住民票で可能です。「身元の確認」は，運転免許証等の写真付きの書類なら，それだけで済みます。運転免許証やパスポート等がない場合は，「公的な医療保険の被保険者証と年金手帳」等で身元確認が可能です。

○http://www.nenkin.go.jp/service/jukyu/todoke/rourei/2018030501.files/101.pdf　日本年金機構「年金請求書（国民年金・厚生年金保険老齢給付）」

第9章 年金に関する手続

様式第101号

年金請求書（国民年金・厚生年金保険老齢給付）

● 年金を受ける方が記入する箇所は　　　（黄色）の部分です。
● 黒インクのボールペンで記入してください。鉛筆や、摩擦に伴う温度変化等により消色するインクを用いたペンまたはボールペンは、使用しないでください。
● 代理人の方が提出する場合は、年金を受ける方が13ページにある委任状をご記入ください。

届書コード: 7 1 1

⑧ 市区町村 受付年月日 ／ 実施機関等 受付年月日

1. ご本人(年金を受ける方)について、太枠内をご記入ください。

㉓ 郵便番号: 360-0041

受付印のあるコピーをもらっておく。

フリガナ: クマガヤ シ ミヤチョウ 1-XX-X
㉔ 住所: 熊谷 ㊞市区 宮町 1-XX-X 建物名

フリガナ: ツクシ タマヨ
㉑ 氏名: (氏) 筑紫 (名) 玉代 ㊞
性別: 1.男 ②女

※ご本人が自ら署名する場合は、押印は不要です。
　代理人等がご本人の氏名を記入した場合は、押印が必要です。

社会保険労務士の提出代行者印 ㊞

基礎年金番号かどうかわからない 年金番号しかないときは、それを記入する。

① 個人番号（または基礎年金番号）: X X X X X X X X
② 生年月日: 大正・㊪昭和 32年 11月 5日

電話番号1: 048-5XX-XXXX
電話番号2: ― ―

※個人番号（マイナンバー）については、14ページをご確認ください。
※基礎年金番号(10桁)で届出する場合は左詰めでご記入ください。
※日中に連絡が取れる電話番号（携帯も可）をご記入ください。
※予備の電話番号（携帯も可）があればご記入ください。

2. 年金の受取口座をご記入ください。

貯蓄預金口座または貯蓄貯金口座への振込みはできません。

㉕ 受取機関:
1. 金融機関（ゆうちょ銀行を除く）
② ゆうちょ銀行（郵便局）

フリガナ: ツクシ タマヨ
口座名義人氏名: (氏) 筑紫 (名) 玉代

年金送金先:
㉖ 金融機関コード
㉘ 支店コード
フリガナ / 銀行・金庫・信組・農協・信連・漁協 / 本店・支店・出張所・本所・支所
㉙ 預金種別: 1 普通 2 当座
㉚ 口座番号（左詰めで記入）

ゆうちょ銀行:
㉚ 貯金通帳の口座番号
記号（左詰めで記入）: X X X X X ―
番号（右詰めで記入）: X X X X X X X

金融機関またはゆうちょ銀行の証明 ※
1ページの氏名フリガナと、口座名義人氏名フリガナが同じであることを確認してください。
㊞

※通帳等の写し（金融機関名、支店名、口座名義人氏名フリガナ、口座番号の面）を添付する場合は、証明は不要です。

㉗ 支払局コード: 0 1 0 1 6 0

3. これまでの年金の加入状況についてご記入ください。

(1) 次の年金制度の被保険者または組合員となったことがある場合は、枠内の該当する記号を○で囲んでください。

- ㋐. 国民年金
- ㋑. 厚生年金保険
- ウ. 船員保険(昭和61年4月以後を除く)
- エ. 国家公務員共済組合
- オ. 地方公務員等共済組合
- カ. 私立学校教職員共済
- キ. 廃止前の農林漁業団体職員共済組合
- ク. 恩給
- ケ. 地方公務員の退職年金に関する条例
- コ. 旧市町村職員共済組合

(㋐と㋑が○で囲まれている)

(2) 年金制度の被保険者または組合員となったことがある場合は、下記の履歴欄にご記入ください。

履　歴(公的年金制度加入経過)
※できるだけくわしく、正確に記入してください。

(年金相談が入ったら、まずこの用紙を用意する)

	(1)事業所(船舶所有者)の名称および船員であったときはその船舶名	(2)事業所(船舶所有者)の所在地または国民年金加入時の住所	(3)勤務期間または国民年金の加入期間	(4)加入していた年金制度の種類	(5)備考
最初	△△銀行 熊谷支店	熊谷市本町1-xx	昭51.4.1から 昭57.8.31まで	1.国民年金 ②厚生年金保険 3.船員(船員)保険 4.共済組合等	
2		熊谷市宮町1-xx-x	昭61.4.1から 平14.9.30まで	①国民年金 2.厚生年金保険 3.船員(船員)保険 4.共済組合等	
3	株式会社 ほたる	熊谷市箱田2-x-xx	平14.10.1から ・・まで	1.国民年金 ②厚生年金保険 3.船員(船員)保険 4.共済組合等	
4	○会社名、所在地、年月日を		・・から ・・まで	1.国民年金 2.厚生年金保険 3.船員(船員)保険 4.共済組合等	
5	正確に思い出せないときでも、わかるところまで書く。		・・から ・・まで	1.国民年金 2.厚生年金保険 3.船員(船員)保険 4.共済組合等	
6	○依頼者には コピーに書いていただき、社労士が 清書してもよい。		・・から ・・まで	1.国民年金 2.厚生年金保険 3.船員(船員)保険 4.共済組合等	
7			・・から ・・まで	1.国民年金 2.厚生年金保険 3.船員(船員)保険 4.共済組合等	
8			・・から ・・まで	1.国民年金 2.厚生年金保険 3.船員(船員)保険 4.共済組合等	
9			・・から ・・まで	1.国民年金 2.厚生年金保険 3.船員(船員)保険 4.共済組合等	
10			・・から ・・まで	1.国民年金 2.厚生年金保険 3.船員(船員)保険 4.共済組合等	
11			・・から ・・まで	1.国民年金 2.厚生年金保険 3.船員(船員)保険 4.共済組合等	
12			・・から ・・まで	1.国民年金 2.厚生年金保険 3.船員(船員)保険 4.共済組合等	
13			・・から ・・まで	1.国民年金 2.厚生年金保険 3.船員(船員)保険 4.共済組合等	

第9章　年金に関する手続

3．その他の年金加入情報等についてご記入ください。

(1) 個人で保険料を納める第四種被保険者、船員保険の年金任意継続被保険者となったことがありますか。　　　　　　　　　　　　　　　　はい　・　(いいえ)

　①「はい」と答えたときは、その保険料を納めた年金事務所(社会保険事務所)の名称を記入してください。

　②その保険料を納めた期間を記入してください。　　昭和／平成　年　月　日から　昭和／平成　年　月　日

　③第四種被保険者(船員年金任意継続被保険者)の整理記号番号を記入してください。　　記号　　　　　番号

(2) 現在、次の年金または恩給のいずれかを受けることができる人は、その番号を○で囲んでください。

| 1 | 地方公務員の恩給 | 2 | 恩給法(改正前の執行官法附則第13条において、その例による場合を含む。)による普通恩給 |
| 3 | 日本製鉄八幡共済組合の老齢年金または養老年金 | 4 | 旧外地関係または旧陸海軍関係共済組合の退職年金給付 |

(3) 昭和61年3月までの期間において国民年金に任意加入しなかった期間または任意加入したが、保険料を納付しなかった期間が、次に該当するときはその番号を○で囲んでください。

1. 配偶者が3ページの3．(1)欄(国民年金を除く。)に示す制度の被保険者、組合員または加入者であった期間
2. 配偶者が3ページの3．(1)欄(国民年金を除く。)または15ページの3．(2)欄に示す制度の老齢年金または退職年金を受けることができた期間
3. 本人または配偶者が3ページの3．(1)欄(国民年金を除く。)に示す制度の老齢年金または退職年金の受給資格期間を満たしていた期間
4. 本人または配偶者が3ページの3．(1)欄(国民年金を除く。)または15ページの3．(2)欄に示す制度から障害年金を受けることができた期間
5. 本人または配偶者が戦傷病者戦没者遺族等援護法の障害年金を受けることができた期間
6. 本人が3ページの3．(1)欄(国民年金を除く。)または15ページの3．(2)欄に示す制度から遺族に対する年金を受けることができた期間
7. 本人が戦傷病者戦没者遺族等援護法の遺族年金または未帰還者留守家族手当もしくは特別手当を受けることができた期間
8. 本人または配偶者が都道府県議会、市町村議会の議員および特別区の議会の議員ならびに国会議員であった期間
9. 本人が都道府県知事の承認を受けて国民年金の被保険者とされなかった期間

(4) 国民年金に任意加入しなかった期間または任意加入したが、保険料を納付しなかった期間が、上に示す期間以外で次に該当するときはその番号を○で囲んでください。

1. 本人が日本国内に住所を有さなかった期間
2. 本人が日本国内に住所を有した期間であって日本国籍を有さなかったため国民年金の被保険者とされなかった期間
3. 本人が学校教育法に規定する高等学校の生徒または大学の学生等であった期間
4. 本人が昭和61年4月以後の期間で下に示す制度の老齢または退職を事由とする年金給付を受けることができた期間
　　ただし、ウからコに示す制度等の退職を事由とする年金給付であって年齢を理由として停止されている期間は除く。

ア	厚生年金保険法	イ	恩給法	ウ	国家公務員共済組合法
エ	地方公務員等共済組合法(クを除く)	オ	私立学校教職員共済法	カ	廃止前の農林漁業団体職員共済組合法
キ	国会議員互助年金法	ク	地方議会議員共済法	ケ	地方公務員の退職年金に関する条例
コ	改正前の執行官法附則第13条				

《年金に関する手続のQ&A》

● 新年度の年金額は，いつ頃，どこでわかりますか。

　前年の全国消費者物価指数等に応じて決定され，例年1月下旬に厚生労働省のホームページで発表されています。

● 新年度の在職老齢年金に用いる額は，いつ頃わかりますか。

　上記の，新年度の年金額と同時に発表されます。60歳代前半の調整の目安となる「支給停止調整開始額」は，28万円が続いています。65歳以後の調整の目安となる「支給停止調整額」は，原則48万円ですが，47万円，46万円と変動しています。令和元年度は47万円です。最新の数字を確認するようにしてください。

● 給料や賞与が増えたわけでもないのに年金が減った場合に，考えられる原因は何ですか。

　配偶者が65歳になったことが考えられます。老齢厚生年金は65歳未満の一定の配偶者があれば，年額で約22万円～約39万円が加算されます。これを配偶者加給年金額といい，昭和18年4月2日以後生まれの人は，年額で約39万円です。この金額が突然消えてしまっては，びっくりするのも当然です。

　ただし，この金額のすべてが，跡形もなく消えてしまったわけではありません。配偶者が65歳になり，老齢基礎年金を受給することになると，その金額に，年額で約15,000円～約22万円の「振替加算」が行われるのです。

　振替加算の趣旨は，旧法（昭和61年4月前）で国民年金が任意加入だった専業主婦について，年金額が低くなることを防ぐというものです。生年月日が新しい人は，強制加入の期間が長いため，振替加算額が低く設定されています。

● 老齢厚生年金の配偶者加給年金額は最大で約39万円なのに，振替加算はなぜ最大で約22万円なのですか。

　老齢厚生年金の配偶者加給年金額は，「配偶者が65歳未満の人は家庭の年金収入が少ないから，最大で老齢基礎年金（満額）の半分（約39万円）を加算してあげよう」という考えで設定されています。配偶者加給年金額の基本額は約22万円

なのですが，老齢厚生年金の受給者の生年月日に応じて約33,000円〜約17万円が上乗せされるのです。

次の表を見てください。A氏の家庭の年金収入は278万円，B氏の家庭の年金収入は239万円です。B氏の年金に39万円の加算をすることによって，A氏との格差が是正されています。

	A氏	B氏
本人の年金（本体）	200万円	200万円
本人の年金の加算	なし	39万円
妻の年金	78万円（65歳以上であり，満額の老齢基礎年金を受給している）	なし（65歳未満であるため，まだ老齢基礎年金を受給していない）
合計額	278万円	239万円

これは，新法（昭和61年4月以後）になってから，家庭の専業主婦も満額の老齢基礎年金を受給し得ることに基づいています。

● 配偶者加給年金額の上乗せの金額は，どのように決まるのですか。

上乗せ部分を「特別加算」といい，金額は，老齢厚生年金の受給者（上の表でいえばB氏に当たる人）の生年月日に応じて定められています。

生年月日	特別加算額
昭和9.4.2〜昭和15.4.1	33,200円×改定率
昭和15.4.2〜昭和16.4.1	66,300円×改定率
昭和16.4.2〜昭和17.4.1	99,500円×改定率
昭和17.4.2〜昭和18.4.1	132,600円×改定率
昭和18.4.2以後	165,800円×改定率

生年月日が古い方が特別加算額が少ないのは，年金の本体部分の金額が多くなるためです。

● 年金相談について,本人の申出がなくても,社労士や会社から声をかけたほうがよい場合はありますか。

　気をつけなければならないのが,事業主の年金です。たとえば,「役員報酬が出ている限り年金はもらえない」と思っている人が多いようです。その結果,請求せずに時効（5年）で消滅してしまうのは,大変にもったいないことです。

　役員報酬があっても,金額によっては年金は支給停止されません。また,65歳以後は,役員報酬の金額を問わず,老齢基礎年金は全額受け取れます。

　事業主とその配偶者の生年月日には特に注意をはらい,支給開始年齢になったら「年金の請求はしましたか？」と声をかけるのがよいでしょう。

● 年金について,ぜひ覚えておいたほうがよいのにあまり知られていないことはありますか。

　厚生労働大臣は,必要に応じて,年金の請求の勧奨を行うこととされています。この規定に基づき,時効消滅が近づいている人に対し,年金額等が郵便で通知されます。しかし,これに気づかない人や,通知をみても「働いているからもらえない」と考える人がいます。年金に関する通知はわかりづらいものですが,会社の人事労務担当者に見せるなど,何らかの行動を起こしてほしいと思います。

【国民年金基金】

　社労士は，個人事業主から，国民年金基金について相談されることがあります。全国国民年金基金の支部が都道府県ごとに設けられていますので，パンフレットを取り寄せておくとよいでしょう。（東京都の方の問い合わせ先は「全国」です。また，歯科医師，司法書士，弁護士は独立した職能型基金があります）

① 終身年金

　もっとも基本的な給付は，65歳から支給される終身年金です。1口目は必ずこれを契約します。

　終身年金の額は，加入した月の年齢に応じて定められています。たとえば，44歳1月～45歳0月で加入した場合には，1口目は基本月額が15,000円とされています。45歳1月以降に加入すると，10,000円となります。ただし，老齢基礎年金の繰上げまたは繰下げをした場合は，老齢基礎年金と同じ率で減額または増額されます。

② 遺族一時金

　終身年金の契約の際には，死亡した場合に遺族一時金が支給されるA型と，遺族一時金が支給されないB型の，いずれかを選択します。B型のほうが，掛金が安くなっています。A型にするかB型にするかは，家族構成等によって決めるとよいでしょう。

③ 確定年金

　2口目以降は，終身年金（A型，B型）と5種類の確定年金の中から，自由に組み合わせることができます。掛金は，月額で68,000円が限度です。

<確定年金の種類>

Ⅰ型	65歳から15年間
Ⅱ型	65歳から10年間
Ⅲ型	60歳から15年間
Ⅳ型	60歳から10年間
Ⅴ型	60歳から5年間

○http://www.npfa.or.jp/　　国民年金基金連合会

＜著者紹介＞

古川　飛祐（ふるかわ・ひゅう）

社会保険労務士。古川労務管理事務所（労働保険事務組合八幡共栄会併設）で24年間の実務経験がある。社労士試験をトップクラスで合格し，㈱労務経理ゼミナール，早稲田大学エクステンションセンター講師を歴任。社労士受験のための通学講座の全科目を秋保雅男講師とのコンビで担当し，受験生から高い信頼を得て，合格者を輩出してきた。現在は，実務のかたわら，実務書・受験書の執筆・校正等を手がけている。

（執筆・共著書）

「働く女性のための雇用・年金教室」，「社員が病気になったときの労務管理」，「年金Q&A 680第6版（補訂）」税務経理協会，「うかるぞ社労士シリーズ」週刊住宅新聞社，「ごうかく社労士基本テキスト」，「ごうかく社労士基本問題集」中央経済社，「社労士年金ズバッと解法」秀和システム，「社労士Ｖ」日本法令，「無敵の社労士」TAC，「法務教科書　マイナンバー実務検定1級合格ガイド」翔泳社　他

著者との契約により検印省略

平成30年11月 1 日　初版第 1 刷発行 令和元年12月 1 日　初版第 2 刷発行	やさしくわかる 社労士業務便覧

　　　　　　　　　　　著　　者　古　川　飛　祐
　　　　　　　　　　　発行者　大　坪　克　行
　　　　　　　　　　　印刷所　税経印刷株式会社
　　　　　　　　　　　製本所　牧製本印刷株式会社

発行所　〒161-0033 東京都新宿区　　株式　税務経理協会
　　　　下落合2丁目5番13号　　　　会社
　　　振　替　00190-2-187408　　電話　(03)3953-3301（編集部）
　　　ＦＡＸ (03)3565-3391　　　　　　(03)3953-3325（営業部）
　　　　　URL　http://www.zeikei.co.jp/
　　　乱丁・落丁の場合は，お取替えいたします。

Ⓒ　古川飛祐 2018　　　　　　　　　　　　　Printed in Japan

本書の無断複写は著作権法上での例外を除き禁じられています。複写される場合は，そのつど事前に，（社）出版者著作権管理機構（電話 03-3513-6969，FAX 03-3513-6979，e-mail：info@jcopy.or.jp）の許諾を得てください。

JCOPY　＜(社)出版者著作権管理機構 委託出版物＞

ISBN978-4-419-06541-6　C3034